Weiterführend empfehlen wir:

Kontakte knüpfen und beruflich nutzen
ISBN 3-8029-4613-8

Kurswechsel im Beruf
ISBN 3-8029-3386-9

Keiner versteht mich!
ISBN 3-8029-3385-0

Stimme: Instrument des Erfolgs
ISBN 3-8029-3252-8

Gelassenheit siegt!
ISBN 3-8029-4525-5

Die Arbeitsfalle – und wie man sein Leben zurückgewinnt
ISBN 3-8029-3383-4

E-Mail: walhalla@walhalla.de
http://www.walhalla.de

Walhalla Fachverlag · Haus an der Eisernen Brücke · 93042 Regensburg
Telefon (09 41) 56 84-0 · Telefax (09 41) 56 84-1 11

Barbara Spachtholz

Stress und Angst überwinden

Strategien, Methoden, Übungen für mehr Gelassenheit

WALHALLA
FACHVERLAG

Bibliografische Information Der Deutschen Bibliothek
Die Deutsche Bibliothek verzeichnet diese Publikation in der Deutschen Nationalbibliografie; detaillierte bibliografische Daten sind im Internet über http://dnb.ddb.de abrufbar.

Zitiervorschlag:
Barbara Spachtholz, Stress und Angst überwinden
Walhalla Fachverlag, Regensburg, Berlin 2005

Paperbackausgabe mit freundlicher Genehmigung des Metropolitan Verlages

Produktion: Walhalla Fachverlag, 93042 Regensburg
Umschlaggestaltung: Gruber & König, Augsburg
Druck und Bindung: Westermann Druck Zwickau GmbH
Printed in Germany
ISBN 3-8029-3388-5

Schnellübersicht

Gelassenheit statt Stress

Alles schien perfekt arrangiert. Das Hochzeitsessen war bestellt, die Verwandten und Freunde eingeladen. Die Freude auf die bevorstehende Feier war groß. Da erwachte er morgens mit einem Pfeifen im Ohr, das nicht mehr verschwinden wollte.

Tinnitus, stellte der Hals-Nasen-Ohren-Arzt fest und fragte nach Stress. Nein, versicherte der junge Mann, schließlich wollte er den schönsten Tag seines Lebens feiern.

Für Wissenschaftler steht jedoch fest, mit diesem Ohrengeräusch ist ein Stress verbunden, der kurzfristig den Körper regelrecht lahm legen kann und dem langfristige chronische Gesundheitsstörungen folgen. Dabei spielt es keine Rolle, ob das stressauslösende Ereignis erfreulich oder unerfreulich ist. Der Körper reagiert immer gleich.

Stress ist heute allgegenwärtig. Er dringt in alle Lebensbereiche ein: Der Dax, der in den Keller rutscht. Der Autofahrer, der einem die Vorfahrt nimmt. Das seit Stunden schreiende Baby. Das immer noch nicht eingetroffene Fax über einen wichtigen Auftrag. Der mit Spannung erwartete Anruf über eine wichtige Verabredung. Die Hiobsbotschaften der Medien, die eine ungewisse Zukunft prophezeien.

Vor gar nicht so langer Zeit galt es als chic, im Stress zu sein, fast als Statussymbol, wie der Besitz eines schnellen Autos, eines großen Autos oder einer Segelyacht. Unter Stress zu stehen bedeutete, gefragt und gefordert zu sein. Heute würden Führungspersonen – und nicht nur diese – irritierte Blicke einfangen, gäben sie zu, unter Stress zu stehen.

Denn das hieße doch, seine Arbeit und sein Leben nicht im Griff zu haben. Ein ausbalancierter Lebensstil zwischen Arbeit und Privatleben prägt unsere heutigen Vorstellungen. Man kann das Leben nicht unbedingt verlängern, aber man kann ihm mehr Qualität verleihen. Das ist jedem möglich, wenn die vier Bereiche Arbeit, Familie/Freunde, Körper/Gesundheit und die Verwirklichung dessen, was in unserer Persönlichkeit an Potenzialen steckt, in einem gesunden Gleichgewicht gehalten werden – das Leben also selbst bestimmen und den Stress als das erkennen, was er ist – als „Kraft zum Leben" und ihn als diese Kraftquelle nutzen. Dem Stress, der erst dann entsteht, wenn wir energetische und biophysiologische Zusammenhänge missachten, keine Chance geben. Dass dies möglich ist, möchte ich Ihnen vermitteln.

Der Erfolg im Arbeitsalltag ist abhängig von der inneren Haltung. Gelassenheit, Intuition und Souveränität sind Ausdruck dieses Bewusstseins. Doch geht die Suche nach dem richtigen Verhalten meist mit einer persönlichen Zerreißprobe einher. Immer mehr Menschen und damit auch Unternehmer entdecken, dass der richtige Umgang mit Stress und Angst ein Allheilmittel gegen Leistungsabfall und Führungsschwächen ist.

Ziel dieses Buches ist es, beruflich engagierten und gestressten, im geschäftigen Lebensalltag stehenden Menschen Hinweise zu geben, wie sie eine gesunde Balance zwischen der Kraft des Herzens, der Kraft des Geistes und der Kraft des Körpers (wieder) herstellen können.

Wer erfolgreich sein will, muss seine Gedanken und Gefühle kennen lernen und verschiedene Situationen gezielt steuern können. Gerade negative Gefühle, die oft von heftigen Stressattacken begleitet werden, können eine Chance sein, die Intuition, das so genannte Bauchgefühl, über den Verstand zu kultivieren und nachhaltig zu entwickeln.

Gelassenheit ist dabei die Brücke zwischen Ihrem Außen und Innen. Nach meinen langjährigen Erfahrungen in der Gesundheitspsychologie und -therapie nährt sich unser Selbstvertrauen aus der eigenen Intuition, Gelassenheit und unserem Selbstbewusstsein. Auch wenn Lachen, eine aufrechte Körperhaltung und das persönliche Wohlgefühl nur kleine Bausteine sind: Jeder kleine Schritt zählt. Oft sind die kleinen Handlungen und Schritte ausschlaggebend für den Erfolg.

Stress – Ihr Freund und Ihr Feind

1

1. Geduld und Beharrlichkeit

Sie bestimmen selbst, ob Ihr Alltag von Stress, Frust, Lustlosigkeit oder Sorgen begleitet ist, oder ob es ein Tag ist, von dem Sie sagen können: „Er war ausgefüllt, machte mich in wesentlichen Punkten zufrieden und hat meine Freude am Leben nicht trüben können."

Ein wesentliches Kriterium für dieses Wohlgefühl ist das ausgeglichene Verhältnis von Belastung und Entlastung – also ein gesunder Umgang mit stressigen Situationen. Das ist leichter gesagt als getan. Denn mit Stress besser umzugehen, erfordert, das eigene Verhalten zu überprüfen und es gegebenenfalls zu ändern. Das setzt voraus, dass zwei Eigenschaften Ihre ständigen Begleiter werden: Geduld und Beharrlichkeit.

Wenn Sie nun glauben, es wäre dann aussichtslos, überhaupt mit einem solchen Übungsprogramm zu beginnen, weil Sie diese Eigenschaften nur vom Hörensagen kennen, so entgegne ich Ihnen: Sie irren sich.

Betrachten Sie doch einmal Ihre Interessen genauer. Sie werden feststellen, dass Sie über enorm viel Geduld und Beharrlichkeit verfügen, wenn Sie bestimmte Ziele verfolgt und schließlich erreicht haben.

Alles, was Sie brauchen, ist eine gesunde Einstellung zu sich selbst, die das Interesse an einem Leben mit Power und Freude beinhaltet.

2. Stress hat ein Doppelgesicht

In meiner langjährigen Arbeit mit Menschen habe ich feststellen können, dass ein Grundwissen über die Zusammenhänge zwischen geistig-seelischen Prozessen und Krankheiten des Körpers sehr hilfreich ist, um Stress nicht nur bewältigen zu können, sondern die Energie, die aus stressbedingten Körperreaktionen entsteht, positiv zu nutzen.

Unter dem Eindruck von Dauerbelastung haben wir es uns allerdings angewöhnt, Stress als etwas ausnahmslos Negatives zu betrachten.

Dabei weisen Stressforscher darauf hin, dass Stress nicht nur ein unvermeidlicher Teil unseres Lebens ist, sondern auch, dass er nach neuesten Erkenntnissen für die Gesundheit förderliche Aspekte mit sich bringt. So regulieren und integrieren die durch die frühe Stressforschung übel beleumdeten Stresshormone beispielsweise das Wachstum und wichtige Kommunikationsprozesse im Körper.

Zu lange wurde übersehen, was schon Charles Darwin wusste: Was wir heute Stress nennen, ist nichts anderes als der Anpassungsdruck, den jedes Lebewesen durch seine Umwelt erfährt – wer sich am besten auf die unvermeidlichen Widrigkeiten seiner Existenz einstellt, überlebt. Stress widerfährt uns nicht einfach, wir können ihn akzeptieren, interpretieren und verarbeiten. Zum Problem wird Stress erst, wenn wir ihn buchstäblich nicht abarbeiten. Und da liegt das Problem – wir müssen allzu vieles unerledigt liegen lassen, weil wir eine Umwelt geschaffen haben, die uns inzwischen überfordert. Sie ist viel komplexer als jedes frühere „natürliche" Ambiente – und unser Körper ist noch nicht darin angekommen. So verschleißen wir uns in vergeblichen Anpassungsversuchen und bemühen uns, Schritt zu halten mit einer sich viel zu schnell verändernden Umwelt, weil wir die Langzeitfolgen der Dauerbelastung immer noch unterschätzen und ignorieren.

Beispiel:

Freiwillige Versuchspersonen eines Schlüsselexperiments im Rahmen eines neuen Forschungsgebietes, der so genannten Psychoneuroimmunologie, ließen sich mit Schnupfenviren infizieren. Angesteckt hatten sich jedoch nur diejenigen, die sich zuvor in einem Test als „gestresst" bezeichneten. Bei einer späteren Wiederholung des Experiments wurde der Stressstatus der teilnehmenden Personen genauer erfasst. Das Erkrankungsrisiko stieg um das Drei- bis Fünffache für diejenigen, die sich mit ungelösten Konflikten, Ängsten und Sorgen plagten, die also einen Stresspegel aufwiesen, den man gemeinhin als „chronisch" bezeichnet. Ein großes, besonders belastendes Stressereignis wie Unfall, Krankheit, Scheidung oder sogar ein so genanntes psychisches Trauma erhöhte dagegen die Anfälligkeit nicht.

Das heißt nichts anderes, als dass wir fast alles verkraften, was uns unter dem Sammelbegriff Stress begegnet – wenn wir irgendwann abschalten können. Unser Körper ist jedoch nicht dafür geschaffen, auf Dauer psychischen Belastungen standzuhalten: Schwelende Konflikte, Ängste, Dauerfrust, quälende Erinnerungen sind gefährliche Lecks im Vorratsspeicher unserer Lebensenergie und heben das Spannungsniveau unseres Körpers enorm an.

Stress als Statussymbol

Wir sehen Stress als unvermeidliches Übel, und die Wunden, die er schlägt, gelten mitunter schon als Leistungsnachweis – wer keinen Stress hat, erscheint verdächtig. Manche zitieren gerne den Nietzsche-Satz: „Was uns nicht umbringt, macht uns nur härter." Ein Mantra für Erfolgsmenschen ebenso wie für bereits Resignierte und Frustrierte. Aber diese „Weisheit" ist, im Lichte moderner Erkenntnisse betrachtet, grundfalsch. Was uns nicht sofort umbringt, macht uns nicht nur nervös, erschöpft und missgelaunt, es macht einige Gestresste sogar fett, wie die Endokrinologin Pamela Peeke von der University of Maryland in einer Studie herausfand. Und er tötet uns irgendwann doch, lange vor der uns gegebenen Zeit: Zu viel Stress raubt uns nicht nur die Seelenruhe, er ist eng verknüpft mit den großen Killerkrankheiten – hohem Blutdruck, Herzinfarkt und Krebs. Und er gilt als Mitverursacher für viele chronische Krankheiten wie Diabetes oder Depressionen.

Distress und Eustress

Richtig ist, dass wir einen Großteil des Belastungsdrucks kaum vermeiden können. Zudem trennt oft nur ein schmaler Grat das, was uns schädlichen Distress verursachen kann, vom unschädlichen Eustress, der die Quelle für tiefste Befriedigung, wenn nicht gar Glück ist. So klagen die meisten Menschen zwar über Stress bei der Arbeit – gleichzeitig sind sie aber, das hat eine Untersuchung des Glücksforschers Mihaly Csikszentmihaly gezeigt, am Arbeitsplatz am glücklichsten. Partnerbeziehung und Familienleben zeigen ebenfalls ein Doppelgesicht – wir brauchen Bindungen und Geborgenheit, bezahlen aber dafür häufig mit Stress pur.

Schädigender Stress entsteht für den heutigen Menschen vor allem dort, wo ihm die Kontrolle über Dinge zu entgleiten droht: Nicht eine hohe Arbeitsbelastung, auch nicht Krisen oder Konflikte machen uns krank, sondern das Gefühl, nicht mehr Herr der Lage zu sein und das eigene Leben nicht mehr steuern und beeinflussen zu können. Ein stressfreies Leben zu führen ist demnach ein unrealisierbares Ziel. Das Ziel muss sein, den Stress aktiv und wirkungsvoll in den Griff zu bekommen.

Wenn der potenziell krank machende Stress nicht zu eliminieren ist, sollten wir ihn erstens akzeptieren, ihn zweitens aber in „positiven" Stress umwandeln lernen – also Eustress, der uns beflügelt und voranbringt, ohne gesundheitliche Schäden zu verursachen.

3. Was ist Stress überhaupt?

Die Stressforschung begann mit einem Missverständnis. Hans Seyle, ein aus Österreich stammender und später in Kanada lebender Wissenschaftler, suchte nach einem griffigen englischen Ausdruck für Belastungen, unter denen Menschen und Tiere leiden könnten. Er wurde in der Physik fündig: Stress bedeutet hier eine starke Kraft, die auf einen Körper einwirkt und ihn verformt. Das korrekte Wort wäre „strain" gewesen, aber als Seyle dies bemerkte, war es zu spät. „Stress" hatte sich als Begriff durchgesetzt und gilt nach wie vor als Ausdruck für eine Herausforderung, die als Überlastung krank machende Tendenzen aufweist.

Erstmals erklärte Frederik Vester in einer Fernsehreihe und in seinem heute noch lesenswerten Buch das „Phänomen Stress" (1978) einem breiteren Publikum.

Wie vor Millionen von Jahren, so reagiert unser Körper auch heute noch, wenn es ums Überleben geht: mit einer Ausschüttung von Hormonen, die den Körper veranlassen, sämtliche Reserven zu mobilisieren. Neben dem schon benannten Adrenalin und Noradrenalin gehören auch Cortisol und andere Stoffe dazu. Alle diese Substanzen erfüllen allein den Zweck, den Energiespiegel im Körper anzuheben, sodass er einen gefährlichen Kampf oder eine anstrengende Flucht durchstehen kann:

- Adrenalin als Kampfstoff schlechthin, der Fitmacher in unserem Körper
- Noradrenalin als das Kreativitätshormon, das unsere Konzentration auf ein Höchstmaß steigert
- Cortisol als Puffer, der die nervlichen Belastungen erträglich macht und unser Immunsystem steuert

Im Einzelnen lösen sie folgende Reaktionen aus:

Der Blutdruck steigt, die Muskulatur wird besser durchblutet, die Gerinnung erleichtert, während die Blutversorgung der inneren Organe abnimmt. Auch Verdauung und Sexualität werden gedrosselt. Was in grauer Vorzeit ein sinnvoller biologischer Mechanismus war, der beim Überleben half, erweist sich heute bei Dauerbelastungen leicht als krank machende Falle. Denn: Bleibt die körperliche Anstrengung aus, wirken diese Reaktionen schädlich auf den Organismus. Hoher Blutdruck, Hörsturz, Tinnitus und Herzrhythmusstörungen sowie viele weitere Gesundheitsstörungen gelten als mögliche Stressfolgen. Sogar die geistige Leistungsfähigkeit kann massiv in Mitleidenschaft gezogen werden, einschließlich Konzentrationsschwächen und Gedächtnisausfällen.

Jeder fünfte Arbeitnehmer leidet permanent unter Angst und Anspannung, also an Stress.

Stress verzerrt die Wahrnehmungsfähigkeit

Durch die im Blut kreisenden Stresshormone wird eine Leistungsfähigkeit wahrgenommen, die in Wirklichkeit gar nicht mehr besteht. Die Energiereservetanks haben bereits gefährliche Lecks. Die permanente Anspannung des gesamten Organismus stört zudem die Fähigkeit zur Selbsterkenntnis. Und je intelligenter ein Mensch, desto eher leugnet er die Situation und macht die Umwelt dafür verantwortlich. Die vermeintliche Dauerbelastung verzerrt die Wahrnehmung derart, dass selbst harmlose Ereignisse, wie ein langsamer Autofahrer auf der Überholspur, zur persönlichen Bedrohung anschwellen. Dauergestresste neigen dazu, den gleichen Fehler immer wieder zu begehen. Sie glauben klar zu denken, tun es aber nicht und erhöhen die Belastung noch durch Selbstvorwürfe. Experten bezeichnen diesen Vorgang als Sensitivierung.

Die Psychobiologie der Stressreaktion im Körper

Wir reagieren sozusagen auf den täglichen Kleinkram mit der Wucht eines Programms, das für lebensbedrohliche Vorfälle ausgelegt ist.

Unmittelbare Wirkungen:

Akuter Stress überfällt uns wie ein Raubtier und löst sofort heftige körperliche Reaktionen aus – Schweißausbrüche, Herzrasen, feuchte Hände sind die Symptome der Kampf-oder-Flucht-„Reaktion".

Der Körper aktiviert, um einer wahrgenommenen Gefahr begegnen zu können, kraft- und schnelligkeitsfördernde Mechanismen.

- Gehirn: Stress vermindert die Schmerzempfindung und verbessert die Denkleistung und das Gedächtnis.
- Augen: Die Pupillen erweitern sich → besseres Sehvermögen.
- Lunge: Gespeicherter Zucker (Glykogen) wird in Glukose umgewandelt.
- Herz: Der Blutkreislauf pumpt große Mengen Sauerstoff und Glukose-„Treibstoff" in den Körper. Herzschlag und Blutdruck erhöhen sich.
- Adrenalindrüsen: Die Medulla (verlängertes Rückenmark) schüttet das „Kampf-oder-Flucht"-Hormon Epinephim aus (Adrenalin).
- Milz: Rote Blutkörperchen werden vermehrt ausgestoßen, das Blut kann mehr Sauerstoff in die Muskeln transportieren.
- Magen/Darm: Der Verdauungsprozess wird unterbrochen, damit der Körper zusätzlich Energie in die Muskeln leiten kann.
- Haare: Die Körperhaare sträuben sich.

Verzögerte Wirkungen:

Einige Minuten nach der schnellen Kampf-oder-Flucht-Reaktion verändert sich die Körperchemie, um sich zu stabilisieren und zu erneuern.

Mittelfristig passt sich der gestresste Organismus der Belastung an – wir glauben fälschlicherweise, alles sei wieder im Lot, aber die chemische Balance unserer Hormone bleibt nachhaltig gestört, auch wenn die dramatischen Stress-Signale verschwinden.

- Gehirn: Der Hippocampus, vor allem für Gedächtnis und Lernen zuständig, wird aktiviert, um den Stress zu verarbeiten.
- Immunsystem: Die Abwehrleistung (gegen Infektionen) wird heruntergefahren, vermutlich, um die verfügbare Energie des Körpers zu konzentrieren.
- Leber: Gespeichertes Fett wird in Energie umgewandelt.
- Adrenalindrüsen: Das Gehirn schüttet Cortisol aus, das den Stoffwechsel und die Immunkräfte steuert. Auf Dauer kann es jedoch toxisch wirken.

Chronische Wirkungen:

Auf schwelende Konflikte, ungelöste Probleme oder immer wiederkehrende Ärgernisse reagiert der Körper ebenfalls eher „unauffällig", indirekt und unspezifisch, indem er seine chemische Balance dauerhaft verändert. Wir unterschätzen diesen schleichenden Stress, weil er vergleichsweise undramatisch wirkt. Verschwinden chronische Stressoren nicht aus unserem Leben – ein schikanöser Chef, ein permanent unzufriedener Partner –, dann passt sich der Körper an die Dauererregung an, etwa durch anhaltend erhöhten Blutdruck, den wir mit der Zeit für normal halten.

Wenn die Stressreaktion zu oft ausgelöst wird, kann sie Immunsystem, Herz/Kreislauf und Gehirn schädigen.

- Gehirn: Cortisol schädigt Gehirnzellen und damit auch die kognitive Leistungsfähigkeit. Müdigkeit, Depression und Ärgerreaktion nehmen zu.
- Immunsystem: Die wiederholte Unterdrückung der Immunleistung vermindert allmählich die Abwehrleistung gegen Infektionen.

- Magen/Darm: Die Schleimhäute werden bei geringer Durchblutung anfällig für Entzündungen und Geschwüre.
- Kreislauf: Erhöhter Blutdruck schädigt die Elastizität der Blutgefäße und führt zu gefährlichen Mikroverletzungen.

Stress hat also System. Die Körperreaktionen auf Stress sind ein Anpassungsmechanismus, der unseren Vorfahren das Überleben ermöglichte. Heute stehen wir unter Stress, ohne dass unser Leben bedroht ist. Die Lebensenergien geraten ins Ungleichgewicht. Bei chronischem Stress konzentriert sich die Energie aus dem hinteren Gehirnbereich ins Stammhirn, unserem Wissensspeicher der allgemeinen Integrationszone im Hinterkopf – gefüllt mit unseren Erfahrungen, unseren Gefühlen, die wir mit bestimmten Erlebnissen verbinden. Diese Energie übernimmt im akuten Stressfall die Regie, wählt aus eingefahrenen Verhaltensmustern aus, um auf den Störfall zu reagieren. Das heißt: Im Alltag sind die Gehirnbereiche abgeschaltet, die nicht unmittelbar mit unserem physischen und emotionalen Überleben zu tun haben. Unser spontanes Denken, unsere Kreativität haben also keine Chance, zum Einsatz zu gelangen.

Vom Alarm zur Erschöpfung

Seyle unterschied in der Reaktion auf Stress drei Phasen: die Alarmphase, die Widerstandsphase und die Erschöpfungsphase. In der Alarmphase bereitet sich der Körper auf eine enorme Belastung vor. In der Widerstandsphase versucht er immer noch standzuhalten, muss dafür jedoch an die Grenzen seiner natürlichen Leistungsfähigkeit gehen oder sie gar überschreiten und verbraucht dabei seine Reserven. Ist die Erschöpfungsphase erreicht, bricht das feine Gleichgewicht der Steuerung im Körper zusammen und der Mensch erkrankt.

Heute geschieht dies häufiger als früher. Allein das zunehmende Angebot der neuen Medien löst bei vielen Stress aus, denn die Unmenge produzierter Information kann niemand mehr verarbeiten, es kann dabei nur noch um eine geeignete Auswahl gehen. Aber auch über die zu entscheiden, setzt bereits manch einen arg unter Druck – oft schon früh. Sogar manche Kinder leiden unter Stress, wenn allzu wohlmeinende Eltern sie zu mehreren Sport- und Musikkursen schicken. Statt diese umfassende Förderung in seinem proppenvollen Stundenplan würdigen zu können, reagiert der Nachwuchs oft mit psychosomatischen Beschwerden. So gesehen sind auch zahlreiche junge, unerfahrene Mütter mit ihren Kindern oder um ihren Lieblingsclub mitfiebernde Fußballfans mehr gestresst als die legendären Manager.

Ein weiterer wichtiger „Stressor" als Quelle von Belastungen ist für viele der heutige Straßenverkehr. Bewegungsapparat, Sinnesorgane und Nervensystem des Menschen sind körperlich auf eine Fortbewegung von maximal etwa 36 km/h ausgelegt. Wer sich im Auto „nur" mit der doppelten Geschwindigkeit fortbewegt, scheint zu trödeln. Auch wenn die erforderliche Koordination, die schnelle Reaktion und das zügige Erkennen von Hinweisschildern und Hindernissen scheinbar automatisch und mühelos gelingt, reagiert der Körper dennoch auf diese Form von Stress. Und selbst als Mitreisender verlangen wir – egal welches Fahrzeug wir benutzen – unserem Organismus ständig gewaltige Anpassungen an neue Umgebungen ab. Gegenüber unseren Vorfahren benötigen wir nur noch einen Bruchteil an Muskelkraft, sind somit erheblich „entlastet". Das Nervensystem dagegen wird in der heutigen Welt umso mehr strapaziert.

Ohne Kontrolle mehr Belastung

Untersuchungen über die Belastung einzelner Berufsgruppen fördern immer wieder überraschende Ergebnisse zu Tage. So führen zwar Lehrer, Polizisten, Bergleute und Fluglotsen eine (amerikanische) Liste der stressigsten Berufe an. Unter stressbedingten

Krankheiten leiden jedoch vor allem Arbeiter, Sekretärinnen, Inspektoren oder Kellner. Wie kommt es zu dieser Diskrepanz? Offenbar leiden wir wesentlich stärker unter einer Belastung und erleben sie als Stress, wenn wir sie nicht kontrollieren können, vermuten einige Forscher. In unseren Körperreaktionen spiegelt sich dieser Umstand wider: Statt der Aktivierungshormone Adrenalin und Noradrenalin schütten unsere Nebennieren vermehrt Cortisol aus, wenn wir der Situation wehrlos ausgesetzt sind. Dabei ist es bei gleichem zeitlichen Druck durch einen dringenden Termin wesentlich gesünder, zu Fuß zum Bahnhof zu hetzen, um den Zug in letzter Minute noch zu erreichen, anstatt hilflos mit dem Auto im Stau zu verharren. Und auch ein Chirurg, der am Operationstisch ein Unfallopfer retten soll, übersteht die Belastung womöglich mit weniger Gesundheitsschäden als ein Fußballfan, der den drohenden Abstieg seines Lieblingsvereins im Stadion miterlebt, ohne wirklich etwas dagegen tun zu können. Gerade die unterdrückten Bewegungsimpulse tragen zu den ungünstigen Folgen bei, weil sich der Körper mit seiner Hormonausschüttung und allen Anpassungsvorgängen genau darauf vorbereitet hatte.

Der kurze Weg vom Stress zur Sucht

Wenn die Belastung zu groß wird und man glaubt, im Konkurrenzdruck nur mit einer „übermenschlichen" Anstrengung bestehen zu können, dann wirkt der einfache Griff – egal zu welcher Droge – allzu verführerisch.

Die meisten Raucher glauben den Belastungen mit dem Glimmstängel im Mund besser standhalten zu können. In fast allen Büros und auch für Klinikpersonal ist heute Kaffee oder Schwarztee üblich.

Manch einer betrachtet seine berufliche oder persönliche Situation erst nach einigen Schlucken Alkohol oder einer Beruhigungstablette einigermaßen entspannt.

Auch verbotene Rauschmittel sollen nicht selten die Leistungsfähigkeit steigern oder für die notwendige Ruhe sorgen. Viele Suchtkarrieren beginnen mit einer solchen verunglückten Strategie zur Stressbewältigung – natürlich nicht nur bei Fußballern und Rockstars usw.

Was diese Stressfolge so besonders heimtückisch macht, ist der gedopte Zustand des Körpers. Der Konsument selbst bildet sich anfangs oft ein, durch Suchtmittel der Belastung tatsächlich besser gewachsen zu sein, und verkennt sehr lange seine Situation – anders als jemand, der direkt unter Stressbeschwerden leidet.

Früher oder später wird jedoch der Drogenkonsument wie auch der an chronischem Stress Leidende in eine noch schwierigere Lage geraten.

Denn auch der chronisch Gestresste vermag seinen körperlichen Zustand nicht objektiv zu betrachten, da ja ständig Stress-Stoffe produziert werden, um den Energiepegel halten zu können.

Ursachenforschung der Stress-Symptome

Stress-Symptome sind so vielfältig wie das individuelle Stressempfinden: Rückenschmerzen, Nägelkauen, Zähneknirschen, Schlafstörungen, erhöhter Blutdruck, Kopfschmerzen, Verdauungsstörungen, Erschöpfung/Unruhe, die Unfähigkeit abzuschalten, Konzentrationsschwierigkeiten, Verlust des Selbstvertrauens usw.

Die Fehler bei der persönlichen Ursachenforschung entstehen zumeist dadurch, dass dem eigenen Denken, dem eigenen Verhalten, den eingefahrenen Lebenseinstellungen, der Eigeneinschätzung nicht so viel Aufmerksamkeit gewidmet werden wie dem Druck von außen.

Doch Konkurrenzdenken, rivalisierendes Verhalten, eigenwillige Ordnungsprinzipien und Standpunkte, Mobbing oder fehlende soziale Kontakte verursachen genauso viel Stress wie Termindruck,

Arbeitsüberlastung, zu hohe Anforderungen, Informationsüberflutung, Wechselschicht, enge Wohnverhältnisse, Verkehr, Lärmbelästigung, extreme Temperaturen und ähnliche Stressoren.

4. Energie und Energiemangel

Stress ist nicht nur ein ganzheitliches Phänomen, sondern auch ein Energieproblem.

Wir erleben seine Reaktionen in jeder physischen und psychischen Hinsicht – gleichzeitig.

- Muskulatur: Verspannungen, Händezittern
- vegetativ: Mundtrockenheit, Schweißausbruch
- emotional: Ärger, Zorn, Wut
- kognitiv: „Pass auf", „konzentriere dich", oder ähnliche Gedanken.

Ist der Energiefluss ungestört, d.h. bei normaler angepasster Hormonproduktion, fühlen wir uns gut, sicher, ruhig und gelassen und haben gute Laune. Sympathie, Offenheit und Vertrauen prägen die seelische Verfassung, unsere Gefühlsebene. Bei gestörtem Energiefluss sind wir nicht nur körperlich angespannt, sondern auch ärgerlich, aggressiv, ungeduldig und unzufrieden. Wir haben schlechte Laune, sind muffig und nervös. Der mentale Zustand ist bei guter Laune nicht nur voller Energie und positiver Gedanken, sondern löst Probleme in Rekordzeit und fördert ungemein die Kreativität. Herausforderungen werden gern angenommen und fallen leicht. Bei schlechter Laune und mangelndem Energiefluss ist negatives Denken geradezu vorprogrammiert. Probleme scheinen schier unlösbar und der schädigende Distress fordert seinen Tribut in Form ständig kreisender Gedanken.

Wie entstehen negative Zustände ?

- Körpereigene Ursachen sind unter anderem Vitaminmangelzustände, hormonelle Fehlsteuerungen, falsche Ernährung, mangelnde Bewegung, Falschatmung etc.
- Seelische Ursachen sind unter anderem Ängste, Schuldgefühle, Furcht, Panik, Stress, Gefühlsschwankungen.
- Mentale Ursachen sind unter anderem negative Selbsteinschätzungen, hohe Erwartungshaltungen, abwertende Beurteilung von Situationen und Menschen.

Wie der alltägliche Stress unsere Organe schädigt

- Gehirn: Unruhe, Schwäche, Depressionen, Konzentrations- und Gedächtnisstörungen
- Ohren: Hörsturz, Tinnitus, Gleichgewichtsstörungen, Schwindel
- Zähne: Zahnschäden durch nächtliches Knirschen und Verkrampfung des Kiefers
- Muskulatur: Muskelzuckungen, Ticks – zum Beispiel Lidflattern, Mundzucken, Augenbrauenzucken, Schmerzen, Zittern, Verspannungen (vornehmlich des Rückens)
- Immunsystem: Abwehrschwäche, Infektanfälligkeit
- Herz und Kreislauf: erhöhter Blutdruck, Gefäßverkalkung, Herzschwäche, Infarkt, Rhythmusstörungen
- Magen und Darm: Schleimhautentzündungen, Geschwüre, Reizdarm, Verstopfung und Durchfall
- Nebenniere: erhöhte Ausschüttung von Cortisol, Adrenalin und Noradrenalin – Störung sämtlicher Hormonkreisläufe und Verlust der chemischen Balance.

Energiestatus

Selbst Arbeitssüchtige, die oft über Jahre hinweg ihre sozialen Kontakte vernachlässigen, stellen irgendwann fest, dass der fehlende Partner oder fehlende Freunde in ihnen das Gefühl der Einsamkeit verstärken und das Misstrauen in die Umwelt fördern. Die Reservebatterien werden immer leerer, wenn sie nichts dagegen tun.

Dies fällt uns leichter, wenn wir die Zusammenhänge erkennen, die unsere Körperzustände bewirken und unsere Stimmung positiv oder negativ steuern. Stimmungen hängen weniger von erkannten Situationen mit großen Gefühlen ab als vom hormonell bedingten Energiestatus des Körpers – also von seiner körperlichen Verfassung.

Energiestatus: entspannt und voller Energie

- ausgeruht und energiegeladen
- entspannte Bewusstseinslage bei guter Konzentrationsfähigkeit
- ideale körperlich-seelische Verfassung für großes Arbeitspensum oder große Aufgaben
- kraftvolle und zuversichtliche Gefühlslage
- Kombination von Gelassenheit und optimaler körperlicher Leistungsfähigkeit
- Eustress – Hochform bei entspannter Stimmung

Energiestatus: entspannt – müde bei leichtem Energiemangel

- Energie verbraucht
- müde und schläfrig, dennoch entspannt und ruhig
- gutes Gesamtgefühl, wenn keine Überforderung eintritt
- geringer Stress: gute Arbeitsleistung, Stimmung gut, jedoch leicht reizbar

Energiestatus: angespannt – Pseudo-Energie, aufgedreht durch Leistungsanforderung

- Muskeln verkrampfen sich (Schulter, Nacken)
- zeitweilig hohes Stressaufkommen
- körperliche Stress-Symptomatik
- Konzentrationsverlust
- Stimmung kann jederzeit kippen, wenn die Energie nachlässt
- Anspannung, Gereiztheit, Nervosität und Unruhe nehmen zu
- zunehmender Stress: zeitweise noch gute Arbeitsleistung, jedoch nur mit großem Energieaufwand möglich; Stimmung aggressiv und ungeduldig

Energiestatus: angespannt – Energiemangel

- Energiereserven aufgebraucht
- Anspannung hält an, Entspannung nicht möglich
- Nervosität, Erschöpfung, Angst, Gereiztheit
- Gedankenkarussell kreist um eigene Schwächen
- Gefühle der Unzulänglichkeit und Überforderung
- Kontakte und Kommunikation werden als anstrengend empfunden
- Probleme erscheinen unlösbar; Schlafstörungen
- Distress – Dauerstress: schlechte Arbeitsleistung, bedingt durch Müdigkeit und Erschöpfung

5. Wenn die Stressbremse versagt

In der psychosomatischen Forschung und Behandlung spielen die Befunde der Hirnforschung und alle an Stresserkrankungen beteiligten Prozesse des Nerven-, Hormon- und Immunsystems bisher kaum eine Rolle. Am Trierer Forschungsinstitut FPP arbeitet man nun am Fundament einer solchen biologischen Psychosomatik oder Psychologie. Dabei spielt das „Stresshormon" Cortisol eine elementare Rolle, da festgestellt wurde, dass viele der chronisch gestressten Burnout-Betroffenen unerwartet einen niedrigen Cortisolspiegel zeigten, obwohl nach Meinung der Schulmedizin Stress die Cortisol-Ausschüttung erhöht.

Die völlig unterschiedlichen Anpassungs- und Regulationsmechanismen unseres Gehirns, die als Stressreaktion auf völlig unterschiedliche Stressoren und Stress-Situationen in unserem Körper ablaufen, stehen unter der Leitung eines Dirigenten, des Corticon-Releasing-Hormon (CRH).

Dieses Hormon aktiviert als Konzertmeister die so genannte Hypothalamus-Hypophysen-Nebennieren-Achse und steuert die komplexe Stressreaktion des Kampf- oder Fluchtverhaltens – die Generalmobilmachung unseres Körpers, der sich für die vermeintliche Herausforderung rüstet. Das Cortisol wirkt dabei als natürliche Stressbremse, weil es die Stressreaktion nach etwa 30 Minuten wieder „herunterfährt", um dem Körper durch Entspannung Regeneration zu ermöglichen.

Nach heutigem Wissen ist ein Fünftel der Bevölkerung vom so genannten Hypocortisolismus betroffen, einer lange völlig unbeachteten Störung, bei dem unter Stress zu wenig Cortisol verfügbar ist.

Hohe Schmerz- und Stressanfälligkeit, Müdigkeit und Erschöpfung sind die typischen Symptome von Hypocortisolismus.

Die Nerven liegen blank

Die hohe Stressanfälligkeit erklärt sich daraus, dass Cortisol nicht mehr als Stressbremse funktioniert und die Nerven sozusagen dauernd blank liegen, wenn es nicht oder zu wenig gebildet wird, um die Stressreaktion nach einiger Zeit wieder zu dämpfen.

Da Cortisol gleichzeitig ähnlich wie Aspirin wirkt und die Schmerzsensitivität senkt, sind Menschen, die in Stress-Situationen über zu wenig Cortisol verfügen, ohne diesen biologischen Schutz besonders schmerzempfindlich. Beispielsweise hat man dies bei rückenleidenden Personen nachgewiesen, die trotz gelungener Bandscheibenoperationen weiterhin über Schmerzen klagten. Nach traditionellem Verständnis müsste dies dann psychisch bedingt sein, da es keinen Organbefund gibt. Psychobiologische Untersuchungen zeigten aber, dass die Schmerzgeplagten einen zu niedrigen bzw. fehlenden Cortisolspiegel im Blut aufweisen.

Die in der heutigen Zeit immer stärker zunehmende Müdigkeits- und Erschöpfungssymptomatik hängt also damit zusammen, dass bei mangelndem Cortisol das Immunsystem verstärkt andere Stoffe bildet, die einen Zustand bewirken, der dem ähnelt, wenn wir Fieber haben.

Ursachenforschung

Die Ursachenforschung setzt bei den genetischen Faktoren an, da Befunde in der Zwillingsforschung darauf hinweisen, dass die Nebennieren bereits im frühen Alter nicht ausreichend Cortisol produzieren. Von klein auf kann die Stressbremse also nicht ausreichend genutzt werden, und deshalb reagieren diese Personen bei „Stress" häufig aufgeregter, unsicherer und ängstlicher als andere. Ein Verhalten, das oft für das ganze Leben charakteristisch bleibt.

Dazu spielen auch Persönlichkeitseigenschaften eine große Rolle. Untersuchungen zeigten, dass vor allem Unsicherheit und stark externales (nach außen gerichtetes) Verhalten auf Mangel an Cortisol zurückgeführt werden kann.

Da in der traditionellen Behandlung Stressgeplagter nach wie vor die Meinung vertreten wird, dass es dafür nur psychologische Ursachen gibt, wird es aufgrund dieser neuen Erkenntnisse sicher auch grundlegende Veränderungen in den Behandlungsmethoden geben. So wird das psychobiologische Wissen dazu führen, dass das endokrine System (das innersekretorische Drüsensystem) in Verbindung mit dem Nervensystem, der Psyche und dem Energiestatus der Persönlichkeit betrachtet wird. In alten Weisheitslehren lassen sich viele dieser heutigen Erkenntnisse finden.

Schützende Stressfaktoren können demnach erst dann gebildet werden, wenn diese wichtigen psychobiologischen Zusammenhänge mit in das entsprechende Training einbezogen werden. Das bedeutet auch, dass bei Personen, die zum Beispiel Störungen im Atemverhalten oder im Verdauungstrakt aufweisen, Entspannungsmethoden wie das Autogene Training der falsche Weg zur Gesundheit sind, wenn bei diesen Störungen auf Ruhe, Schlaf und Regeneration gerichtete Faktoren vorherrschen. Stattdessen sind Aktivitäten, die das symphatische Nervensystem (Hauptzweig des vegetativen Nervensystems) stärken, Yoga, Feldenkrais oder ähnliche Körperentspannungsmethoden oder auch sanftes Kreislauftraining (Walking) wesentlich besser geeignet.

Neuere Untersuchungen zeigen, dass nicht nur der Beziehungsstress das Immunsystem und das Wohlbefinden stark beeinträchtigt, sondern auch, dass selbst in stressfreien, positiven Interaktionen verstärkt Stresshormone produziert werden. So könnte nach Meinung der Stressforscher das Cortisol ein Indikator dafür sein, was in Partnerschaften vor sich geht. Die Antwort auf die Frage, warum das so ist und weshalb nicht bei allen Menschen, sondern individuell verschieden, wird der Stressforschung wahrscheinlich völlig neue Dimensionen öffnen.

Ihr Körper spricht – zu Ihnen und zu anderen

2

1. Körpersprache: Ausdruck und Einsatz

- „Jemand unter die Arme greifen"
- „Ein Auge zudrücken"
- „Übers Knie brechen"
- „Die Haare stehen zu Berge"
- „Sich den Mund verbrennen"

Diese Liste ließe sich beliebig fortsetzen. Ganz selbstverständlich hat der Volksmund „Körpersprache" in seinen Sprachgebrauch integriert. Schon daran lässt sich demonstrieren, dass seelisches Empfinden, Gedanken und physisches Auftreten untrennbar miteinander verbunden sind.

Der Körper drückt seine innere Befindlichkeit aus, seine Einstellung, seine Eindrücke, die er von Menschen und Situationen hat. Er macht diese nach außen begreiflich, für andere sichtbar.

„Aus dem Gleichgewicht sein" umfasst gleichzeitig Physis und Psyche, Körper und Seele.

Innere Unsicherheit zeigt sich im unsicheren Gang. Was uns auf den Magen schlägt, ist nicht immer unbedingt physischer Natur, sondern kann sehr wohl eine herbe Enttäuschung sein, die aus hoher Erwartungshaltung herrührt. Pressen wir die Lippen aufeinander, kann dies eine feste Entschlossenheit bedeuten, es zeigt aber gleichzeitig die Weigerung, Weisungen oder Ratschläge von anderen anzunehmen.

Ob im Beruf oder in anderen Bereichen, in denen wir unsere Ziele durchsetzen wollen: Erfolgreiche Kommunikation hängt vielfach von der Übereinstimmung verbaler und physischer Sprache ab. Es fällt gar nicht so leicht, auf die Signale der Körpersprache zu achten und sich bewusst zu machen, dass pausenlos jener unsichtbare Transformationsprozess abläuft, der sich in unterschiedlichen Schwingungsfrequenzen zwischen den kommunizierenden Personen hin und her bewegt.

Das ausführende Organsystem, das den Körper zum Ausdruck dieser Eindrücke zwingt, ist dabei der Solarplexus. Es handelt sich um jenes Nervengeflecht in unserem Bauch, welches alle Einflüsse – ob von außen (Umfeld) oder von innen (Gedanken, Gefühle) – registriert und entsprechende Handlungsaktivitäten unseres Körpers veranlasst.

Missverständnisse blockieren

Natürlich kann es dabei auch zu Missverständnissen kommen, beispielsweise dann, wenn wir uns selbst unter Druck setzen: „Morgen *muss* ich dieses oder jenes erledigen." „Morgen" ist ein Gedanke/Begriff, den unser Körper nicht kennt. Daher reagiert er auf ein „Muss" mit Anspannung der Muskulatur. Durch „Morgen" gebremst, entsteht ein Missverständnis, da die Muskelkraft nicht jetzt, sondern morgen erst gebraucht wird.

Auf diese Weise wird eine Reaktion des Körpers blockiert. Das ist der Beginn einer physischen Blockade und Spannung, ausgelöst durch den Stress des Körpers, der keine klaren Aussagen bekommen hat.

In vielen Alltagssituationen lässt sich das erkennen. Das, was getan werden soll, kann nicht getan werden, da diese Situationen für unseren Körper nicht eindeutig „zu lesen" sind.

Pragmatisch gesehen, kommt es darauf an, entstandene Stressenergie sofort zu nutzen und in Aktion umzusetzen. Wenn Sie daher einmal mitten in der Nacht mit dem Gedanken aufwachen: „Das muss ich morgen erledigen", stehen Sie auf und machen sich einen Plan, wie Sie vorgehen wollen. Sie werden also aktiv, nutzen die Stressenergie positiv und verursachen keine schmerzenden Blockaden.

Aber allein daran zu denken, was Sie erledigen müssen, dies aber dann nicht zu tun oder auch nicht tun zu können, löst blockierenden Stress aus, der dann schädigende Auswirkungen hat. Schädigender Stress entsteht also erst aus der Empfindung und dem Gedanken, überfordert zu sein oder etwas nicht schaffen zu können, aber nicht durch den objektiven Sachverhalt selbst.

Keine Bewegung unseres Körpers ist zufällig

Unsere Bewegungen sind vielmehr das Ergebnis bewussten oder unbewussten Denkens. Beispiel Trinken: „Ich habe Durst." Diese Empfindung wird zum auffordernden Gedanken. Dieser wird zu Handlung, wenn meine Hand ein Glas Wasser zum Mund führt.

Das ist eindeutig und klar. Weniger klar sind da schon Handbewegungen, die etwas andeuten, was im materiellen Sinn gar nicht vorhanden ist, zum Beispiel wenn uns Gedanken beherrschen, die Unmut, Zorn oder Belastung ausdrücken. Dann sind unsere Handbewegungen wegwerfend, wegschiebend oder wegwischend. Da unser Körper nur physisch reagieren kann, drückt unsere Hand den Unmut aus und schiebt ihn weg.

Ihnen kommt folgende Situation bekannt vor? Zwei Verhandlungspartner sitzen sich gegenüber. Der eine versucht, den anderen argumentativ zu überzeugen. Dabei übersieht er die deutlich ablehnende Körpersprache des anderen, die abwehrende Handbewegung, die geschlossene Haltung, den geraden Blick, die fest aufeinander gepressten Lippen.

Die Deutlichkeit der Körpersprache signalisiert nicht nur Widerstand, sondern auch eine Informationssperre, d.h. die Weigerung, irgendetwas aufzunehmen. Die richtige Reaktion hierauf wäre demnach, sofort den eigenen Redestrom zu stoppen, eine Frage zu stellen, die eigene Argumentation zu überprüfen, ohne dabei das eigene Ziel aus den Augen zu verlieren. Auch ein Blick auf die Füße macht eine Verweigerungshaltung deutlich sichtbar. Leicht abgehobene Fußballen symbolisieren nicht nur die Blockade, sondern setzen sie physisch in Szene. Wenn Sie jemandem gegenüberstehen und dieser seinen Bremsfuß einsetzt, indem er einen Fuß nach vorn setzt, ihn hochstellt, dann hören Sie am besten sofort damit auf, diese Person von irgendetwas überzeugen zu wollen.

Der Ablauf bleibt immer der Gleiche: Unsere Gedanken und Empfindungen manifestieren sich in Körpersprache – allerdings so schnell, dass wir den Weg des Gedankens bis zu seinem physischen Ausdruck kaum verfolgen können.

Wissen wir nichts von diesen Prozessen, dann könnten uns diese Bewegungen zufällig und sinnlos erscheinen. *Mit* diesem Wissen können wir allerdings aus dem sichtbaren Resultat auf dessen Voraussetzungen schließen.

2. Ihr Erscheinungsbild: Haltung und Standpunkt

Kann uns jemand in einer Diskussion nicht dazu bewegen, dass wir unseren Standpunkt aufgeben oder ihn zumindest überprüfen, dann wurden wir nicht berührt und auch nicht bewegt, denn Bewegung verlangt Berührung. Nur wenn wir bewegt sind, können wir unseren Standpunkt ändern, wir betrachten ihn dann aus einem anderen Blickwinkel.

Aus dieser Beschreibung soll folgender Zusammenhang deutlich werden: Verharrt jemand unverändert in seiner *körperlichen* Haltung, dann können wir davon ausgehen, dass er auch geistig nicht einen Millimeter von seinem Standpunkt abrückt. Eine Diskussion bleibt dann unfruchtbar und kostet nur Energie – es sei denn, es kommt zu einer Änderung des Standpunktes und so zu einer neuen Stellungnahme, die sich in der veränderten Haltung des Körpers manifestiert.

Jede Aufgabe eines Standpunktes bedeutet ein gewisses Risiko. Wir werden herausgefordert, unseren vermeintlich sicheren und gewohnten Pfad zu verlassen.

Deshalb klammern sich so viele Menschen an ihre Standpunkte: Sie wollen der Unbequemlichkeit entgehen, ihre Meinung ändern zu müssen.

Bewegung ist der Schlüssel zum erfolgreichen Gespräch

Jeder Mensch hat seinen eigenen Rhythmus. Dieser zeigt sich mehr oder weniger deutlich als typisches Bewegungsmuster beim Gehen, Stehen oder im Sitzen.

Beispielsweise gibt die Sitzhaltung Aufschluss über die Beziehung zum Partner und darüber, wie er in der gegebenen Situation denkt oder fühlt.

Wie oft sitzen wir unbequem, wie oft wagen wir in bestimmten Situationen nicht, unsere Sitzposition zu verbessern. Daher können wir auch das signalisierte Unbehagen unseres Gesprächspartners direkt entschlüsseln, wenn er auf dem Sitz herumrutscht.

Bewegung ist der Schlüssel zum Gespräch – nicht nur die eigene, sondern auch die unseres Gegenübers, vermittelt sie uns doch ausreichend Informationen über seine momentanen Gefühle und Empfindungen.

Ein Gespräch beginnt in der Regel mit der Begrüßung und dem im deutschsprachigen Raum gebräuchlichen Händedruck. Verweigern wir diesen, weckt dies Aggressionen bei unserem Gegenüber; halten wir seine Hand zu lange, signalisiert dies: „Ich will etwas von Dir."

Der Auftritt in aufrechter offener Haltung, mit lockeren Schultern und gutem Standvermögen – d.h. sicherer Bodenhaltung – und mit entspannten Gesichtszügen dagegen ist bereits der Einstieg zu einem guten Gespräch.

Dann beginnt das Spiel: Wer sitzt zuerst, und wie sitzen wir? Bequem, offen und locker oder steif und unbequem? Verrückt unser Gesprächspartner seinen ihm angebotenen Sessel, dann haben wir es mit jemandem zu tun, der über ein ausgeprägtes Selbstbewusstsein verfügt: Er braucht Raum für seine Bewegungen. Bleiben dann aber beide Gesprächspartner im wahrsten Sinne des Wortes zugeknöpft, d.h. steif und geschlossen, wird sich das Gespräch im Kreis drehen.

Praxis-Tipp:

Bewegung stimuliert den anderen und sich selbst. Bewegung, die nicht unruhig wirkt, lässt sich trainieren.

Bewegung beweist Flexibilität, ohne Bewegung sind wir auf Konfrontationskurs, wir bieten dann dem anderen die Stirn.

Eine leichte Neigung des Kopfes kann in einer Konfliktsituation bereits eine deutliche Änderung des Standpunktes bedeuten. Das Neigen des Kopfes signalisiert den Wegfall der Spannung, die Halsstarrigkeit wird aufgegeben.

Aus Körperbewegungen können wir zusätzliche Informationen über den Ablauf eines Gespräches gewinnen. Es macht zum Beispiel einen Unterschied, ob jemand, der gerade das Wort führt, sich während des Satzes oder nach Beendigung des Satzes zurücklehnt: Zieht sich der Körper während des Sprechens zurück, signalisiert diese Bewegung höchstwahrscheinlich, dass das Gefühl mit dem Gesagten nicht übereinstimmt. Folgt dagegen meine Bewegung der Aussage, lade ich den Gesprächspartner zu einer Antwort ein: Ich erwarte ihn.

Führt unser Gesprächspartner seine Hand immer wieder zur Nase, kann dies bedeuten, dass er sich selbst oder eine Aussage kritisch betrachtet. Allerdings lässt sich nur im Zusammenhang mit dem Gesagten entscheiden, ob er tatsächlich über das eigene Verhalten nachdenkt oder nach günstigen Formulierungen sucht.

Seien Sie daher vorsichtig! Überprüfen Sie immer, ob die Körperhaltung mit dem Gesagten übereinstimmt. Verschränkte Arme, eine gerade Kopfhaltung und ein gespannter Gesichtsausdruck zeigen Inaktivität: „Ich möchte nicht verhandeln. Ich verschließe mich."

Verschränkte Arme, ein geneigter Kopf und ein entspannter Gesichtsausdruck zeigen zwar immer noch Inaktivität, aber keine Verschlossenheit mehr, es fehlt allerdings die Bereitschaft, selbst zu handeln. Solange Schulterpartie und Nacken locker und frei bleiben, wird Aufnahmefähigkeit signalisiert.

Bei einem wichtigen Verhandlungspartner müssen Sie allerdings versuchen, ihn zu einer Haltungsänderung zu bewegen, wenn Sie sich von diesem Gespräch etwas erhoffen oder ein bestimmtes Gesprächsziel verfolgen.

Praxis-Tipp:

Sie können Ihren Gesprächspartner auf verschiedene Weise zur Änderung seiner (Körper-)Haltung veranlassen. Bewährt hat sich zum Beispiel, Papiere, Prospekte, Kaffee oder Ähnliches zu reichen. Sie zwingen Ihren Gesprächspartner damit, seine Hände zu öffnen.

Kommunikation bestimmt unser Leben

Von Gesprächen hängt in Beruf, Familie und Gesellschaft außerordentlich viel ab.

Fast allen Entscheidungen gehen Gespräche voraus, selbst „einsame" Entscheidungen werden gefällt, nach einem Gespräch mit sich selbst, im Abwägen von Argumenten und Gegenargumenten.

Kann ich die feineren Gefühlsregungen im Körperausdruck eines anderen deuten und auch meine eigenen Empfindungen in den Bewegungen meines Körpers wahrnehmen, bin ich einen großen Schritt weiter im Dialog mit anderen.

Erfolgreiche Verhandlungen hängen vielfach davon ab, inwieweit wir uns vom alten Konfrontationsritual trennen können, denn dieses verhindert die Bewegung.

Suggestivität hat ihre Grenze dort, wo der Gesprächspartner sich in seinem Wissensgebiet, in seiner Position, in seiner Kompetenz bedroht fühlt. Treiben wir jemanden in die Enge, sodass er sich nicht mehr bewegen kann, wird er nicht zum Partner, sondern zum Gegner.

Fazit: Will ich jemanden zu etwas bewegen, muss ich ihm Raum zur Bewegung geben, d.h.: ihn zu einer Veränderung seiner Körperhaltung veranlassen.

Laden Sie Ihre Gesprächspartner zu einem Spaziergang ein!

Aus unseren eigenen Erfahrungen wissen wir, dass wir mit unseren Gedanken gern spazieren gehen und dass so mancher Spaziergang unseren Geist kreativ beflügelt hat.

Die Körperhaltung, einzelne Positionen lassen sich beim Gehen verändern. Allein der Weg bringt Wendungen – andere Blickwinkel durch veränderte Landschaftsperspektiven.

Allerdings eignet sich der Spaziergang als Gesprächsort vor allem für den Dialog zu zweit. Mehrere Teilnehmer müssen sich hingegen um einen runden Tisch versammeln.

Praxis-Tipp:

Das Gespräch über Eck führen. Es erlaubt mehr Bewegung und erleichtert den Schulterschluss. Frontal vor dem Schreibtisch sitzende Personen werden in ihrer Bewegung gehemmt, und auch der Einladende hat gar nicht die Absicht, sich beweglich zu zeigen bzw. Zugeständnisse zu machen.

Kommunikation heißt, Wege zur Öffnung zu finden. Denken Sie an den Tratsch im Treppenhaus. Flurgespräche sind beliebt, denn sie haben etwas Unverbindliches, Inoffizielles. Mancher ist in dieser lockeren und zwanglosen Umgebung und Haltung viel eher bereit, ein offenes Wort zu sagen oder sogar ein Zugeständnis zu machen als in einer „offiziellen" Sitzposition.

Praxis-Tipp:

Ein altes Rezept der Mitarbeiterführung, neu entdeckt, ist das Aufsuchen von Mitarbeitern an Ihrem Arbeitsplatz: „managing by walking".

Der Vorgesetzte stimmt seine Mitarbeiter durch Anerkennung ihres Territoriumanspruchs nicht nur aufgeschlossen für seine Intentionen, sondern löst sich auch selbst aus stagnierenden, hierarchisch bestimmten Situationen.

3. Gestik und Mimik

Genauso wie andere Körperbereiche auch sind unsere Hände nicht nur ausführende Organe von Verstand und Gefühl, sondern sie wirken ihrerseits genauso auf Verstand und Gefühl zurück.

Wer beispielsweise die Angewohnheit hat, die Arme längere Zeit herabhängen zu lassen, bringt sich durch dieses Hängenlassen automatisch selbst in eine gelähmte, monotone Stimmung, die sich zudem auch auf Tonfall und Stimme überträgt.

Redner, die sich selbst kaum bewegen, werden wenig bewegen. Die Bewegungen der Arme und Hände laden ein oder wehren ab. Selbst ein Lachen wirkt unecht, wenn es keine Unterstützung durch emotionale Zeichen – Bewegungen – des Körpers erfährt.

Solange die Arme am Gespräch nicht teilnehmen, wird keine Zuneigung beim Zuhörer erreicht.

Die starre Haltung eines Redners oder Gesprächspartners spricht Bände über seine innere Haltung – Offenheit ist da ausgeschlossen.

Praxis-Tipp:

Achten Sie bei Tischgesprächen darauf, ob die Rede nur aus den Handgelenken unterstützt wird und die Arme eher versteckt gehalten werden. Achten Sie ebenso auf wegwischende oder abwehrende Handbewegungen.

Auch die Art und Weise, wie wir unsere Hände halten, kann sehr aufschlussreich sein, zum Beispiel das Ineinanderlegen der Hände vor der Brust.

Probieren Sie es selbst:

- Legen Sie Ihre Hände ineinander, sodass eine Hand die andere fest drückt. Welches Gefühl haben Sie dabei? Ist es nicht so, als ob Sie Fäuste ballen würden? Hat das Gefühl, das sich langsam in Ihnen verstärkt, mit Aggression zu tun?
- Legen Sie dann Ihre Hände weich und locker ineinander, wie in einer sanften Umarmung. Wenn Sie mit dieser Gebärde ein Gespräch beginnen, wird Ihre Stimme einen milden Klang haben, denn Ihr Empfinden beinhaltet keinerlei Gefühle von Aggression.

Durch solche Beispiele wird deutlich, dass bestimmte Bewegungen in der Lage sind, Stimmungen zu verändern.

Emotionen im Gesicht erkennen

Glück, Überraschung, Zorn, Furcht, Trauer, Ekel sind die Basisgefühle des Menschen. Jedem dieser Gefühle entspricht ein charakteristisches Mienenspiel, das in allen Kulturen dieser Welt verstanden wird. So sind hochgezogene Augenbrauen, weit geöffnete Augen, ein offener Mund überall auf der Welt bei Menschen anzutreffen, die überrascht sind. Selbstverständlich unterliegen Menschen unterschiedlichen Normen und Gewohnheiten. Wie dann im konkreten Fall die Gefühle jeweils ausgedrückt werden, wer gegenüber wem und wann und mit welcher Intensität Emotionen zeigen darf, hängt ab von dem Ausmaß, in dem Menschen ihren Gefühlsausdruck beherrschen können. Von Kultur zu Kultur verschieden sind dabei die vorherrschenden Einstellungen gegenüber Gefühlen.

Doch bei den grundlegenden Gefühlen ist die charakteristische Gesichtsmimik überall auf der Welt die gleiche. Selbst bei von Geburt an blinden Menschen zeigt sich bei diesen Gefühlen der gleiche Gesichtsausdruck. Wahrscheinlich ist dies als Teil unseres evolutionären Erbes zu betrachten, das genetisch übertragen wird.

Wahrheit und Lüge liegen eng beieinander

Sie sind gleichermaßen schwer zu erkennen, denn auch Lügen werden sehr gerne mit einem Lächeln kaschiert. Wie das funktioniert, kennen wir von unseren Politikern. Erfolgreiche Politiker haben inzwischen überall auf der Welt einen universalen Gesichtsausdruck. Sie versuchen sich kompetent und zuversichtlich zu zeigen.

Auch ihre Körperhaltung, der Klang ihrer Stimme, die Haltung des Kopfes ist meist antrainiert. Informationen darüber, was jemand wirklich fühlt, lässt sich im Körperausdruck und besonders im Gesicht erkennen, besonders wenn man darauf achtet, ob sich versteckte Gefühle im Mienenspiel verraten.

Praxis-Tipp:

Um wahre Freude von einem falschen Lächeln unterscheiden zu können, achten Sie auf Folgendes:

Bei einem echten Lächeln senkt sich die äußere Partie der Augenbrauen.

Wir können emotional geladen sein, ohne uns dessen bewusst zu sein. Am besten lässt sich das mit einer Unfallsituation erklären. Sie sind im Auto unterwegs, hören Radio und plötzlich fährt ein anderes Auto auf Sie auf. In Sekundenbruchteilen passieren verschiedene Dinge – der Körper wird geprellt, der Kopf geschleudert, Ihr Instinktbewusstsein lässt Sie auf die Bremse treten, das Steuer herumreißen – in Ihrem vegetativen Nervensystem schrillen alle Alarmglocken. Die Stressattacke hat in Ihrem Körper voll zugeschlagen, doch Sie werden sich dessen erst bewusst, wenn alles vorüber ist. Dann spüren Sie, dass Ihre Körperreaktionen durch Angst ausgelöst wurden.

Sogar Ärger oder Unzufriedenheit können unsere Grundstimmung trüben, ohne dass wir uns dessen bewusst sind. Wir sind nicht aufmerksam genug. Tatsache ist, dass sich Ärger, Zorn oder Frustgefühle sehr gut im Gesichtsausdruck erkennen lassen. So fragten mich Freunde bei einem Besuch, warum ich so verärgert wäre. Da ich mich auf diesen Besuch gefreut hatte, war ich über die Aussage sehr verwundert. Tatsächlich war mir nicht bewusst, wie verärgert ich war. Vor allem war es mein Gesichtsausdruck, der ihnen aufgefallen war. Anfangs unbewusst beginnender Ärger verengt die Lippen zuerst nur an den äußeren Mundwinkeln, sich ausbreitender Ärger verengt nicht nur den ganzen Mund, sondern erfasst das ganze Gesicht und lässt es erstarren.

Charakteristische Merkmale:

- Zornige und aggressive Grundstimmung: Steilfalte im Nasenwurzelbereich.
- Verengte Lippen: aggressiv gefärbte Grundstimmung.
- Herabgezogene Augenwinkel beim Lächeln: Offenheit, freundliches Entgegenkommen, Verständnis. Verschwinden diese Anzeichen, friert das Lächeln ein, und das Entgegenkommen weicht einem Rückzug.
- Schmerzhaftes Lächeln: Trotz eines Lächelns lässt sich Frust als Grundstimmung an den ganz leicht herabgezogenen Mundwinkeln erkennen.

Es lohnt sich also, „emotionale Aufmerksamkeit" zu üben. Diese kleinen, oft nur Bruchteile von Sekunden dauernden emotionalen Signale können zur Folge haben, dass ich einen anderen Weg einschlage als den, mit dem ich ursprünglich mein Ziel erreichen wollte.

Je besser ich weiß, wie ich mich selbst fühle und was die andere Person empfindet, desto vorteilhafter ist es für mich. Beispielsweise kann ich mich fragen, ob ich so, wie ich es mir vorgenommen habe, einfach weitermachen kann, ob es gut für mich ist oder nicht. Übersehe ich diese kleinen verräterischen Anzeichen, kann es Ärger geben. Ein Mensch mit ärgerlicher Grundstimmung wird schwerlich auf das eingehen, was ich möchte und sich innerlich auf dem Kriegspfad befinden. Anzeichen von Emotionen im Gesicht sagen mir, dass etwas Wichtiges geschieht, unabhängig davon, ob sich die Person dessen bewusst ist oder nicht. Die Quelle des Ärgers bei meinem Gesprächspartner muss nicht notwendigerweise in meiner Person liegen. Die Gründe für die Wut kann ich nicht erkennen, doch ich kann wachsam sein oder das Gespräch beenden. Ich könnte mich mit einer Entschuldigung verabschieden.

Grundsätzlich gilt: „Mit mehr Information fahre ich besser und kann erfolgreicher sein."

Übungen: Emotionen im Gesicht erkennen

Übung: Kiefer

- Nehmen Sie eine aufrechte Sitzhaltung ein.
- Legen Sie den Oberkörper und den Kopf schräg nach vorne.
- Strecken Sie dabei gut den Rücken.
- Lassen Sie Ihr Gesicht entspannt gemäß der Schwerkraft nach unten hängen.
- Beißen Sie nun die Zähne zusammen und pressen die Lippen aufeinander.
- Halten Sie die Anspannung.
- Achten Sie auf Ihren Rücken, Sie werden eine nach oben ausgerichtete anspannende Bewegung in der Wirbelsäulenmuskulatur wahrnehmen.
- Achten Sie bei gehaltener Spannung auf Ihren Atem. Im oberen Brustraum können Sie einen kurzen Atemrhythmus wahrnehmen (Stressatmung ist bei jeder Form von Anspannung im Körper vorhanden).
- Lösen Sie die Anspannung in Ihrem Gesicht.
- Versuchen Sie die Entspannung der Rückenmuskulatur wahrzunehmen.
- Der Atem entspannt sich und rutscht in den Bauch. Die Atembewegungen können Sie im Flanken- und Nierenbereich wahrnehmen (Ruheatmung).
- Wiederholen Sie dieses und auch die nachfolgenden Experimente noch einige Male, damit sich der Reflexbogen (die zusammenhängenden Reflexe) einprägt.

Wir können das Kiefergelenk, das in dieser Anspannung besonders unter Druck stand, als Regulator aller Körpergelenke einschließlich der Wirbelgelenke betrachten.

Der zusammengepresste Kiefer überträgt den Druck auf die Wirbelgelenke des Rückens und setzt damit auch die Bandscheiben, die zwischen den Gelenken als Puffer dienen, unter Druck. Psychosomatisch gesehen heißt das: Die Situation, die Sie die Zähne zusammenbeißen lässt – vielleicht gehören Sie ja zu den Perfektionisten – strapaziert auch Ihren Rücken arg. Eines Tages werden Ihre Bandscheiben diesem Druck nicht mehr standhalten können.

Übung: Nase

- Ausgangshaltung: schräg nach vorn geneigter Kopf und Oberkörper, gestreckter Rücken.
- Ziehen Sie Ihre Nase kraus, so wie Sie das auch tun, wenn Sie etwas nicht riechen können.
- Halten Sie die Anspannung.
- Achten Sie wieder auf die Anspannung der Rückenmuskulatur besonders im Schulter-Nackenbereich, ebenso auf die Stressatmung, die Sie im oberen Brustraum spüren.
- Lösen Sie die Spannung und versuchen Sie die Entspannung im Rücken und den sofort wahrnehmbaren entspannenden Atem im Bauch und im unteren Rücken zu erfühlen.

In unserem Leben wird es immer wieder Situationen geben, die uns nicht in den Kram passen. Wenn wir rechtzeitig lernen, uns darauf einzustellen, wird der Körper die Spätfolgen dieses Dauerstresses nicht erleiden müssen. Psychosomatisch gesehen heißt das: Was ich auf Dauer nicht riechen kann, lässt mich später schwer hören oder gar nicht mehr hören: Der Nasenbereich hängt mit den Nasennebenhöhlen und mit dem Ohrenhintergrund sehr eng zusammen, Spannungen verhindern somit die ausreichende Durchblutung dieser Region. Viele Tinnituserkrankungen (Ohrgeräusche) zeugen vom Stress im Ohr.

Übung: Augen

- Ausgangshaltung: nach vorn gebeugter Kopf und Oberkörper, gestreckter Rücken.
- Kneifen Sie Ihre Augen fest zusammen und achten Sie wieder auf die Anspannungsreflexe im Nacken- und Schulterbereich und auf die kurze Atmung im oberen Brustraum.
- Lösen Sie die Spannung und versuchen Sie die Entspannung des Rückens und der Atmung wahrzunehmen. Die Augen stehen in enger Verbindung mit unserem vegetativen Nervensystem, dabei spielt unsere Sichtweise der Dinge eine große Rolle.

Unsere Wahrnehmung unangenehmer Situationen und die Einschätzung, wie wir sie bewältigen (können), ordnet entweder eine Generalmobilmachung im Körper an (Stressreaktion) oder lässt uns kalt (Entspannung bei vollen Reserven). Psychosomatisch gesehen heißt das: Auf der einen Seite „Was ich nicht weiß (sehe), macht mich nicht heiß", auf der anderen Seite engt Starrsinnigkeit unser Gesichtsfeld ein.

Übung: Stirn

- Ausgangshaltung: nach vorn gebeugter Kopf und Oberkörper, gestreckter Rücken.
- Ziehen Sie Ihre Stirn in Falten.

- Achten Sie wieder auf die Spannungsreflexe, die mit dieser Anspannung verbunden sind. Sie werden bemerken, dass Sie die gleichen Wahrnehmungen wie in den vorhergehenden Übungen machen.
- Lösen Sie die Spannung. Sie können wieder die Entspannung in der Muskulatur und in der Atmung wahrnehmen.

Die Stirn hängt in besonderem Maß mit der gesamten Hautoberflächenspannung zusammen. Sorgen, Ärger oder Dauerunzufriedenheit bringen uns in einen Zustand, der „zum aus der Haut fahren" ist. Besonders betroffen ist der höchste Punkt des Kopfes, der auch „Angstpunkt" genannt wird (Scheitelpunkt). Psychosomatisch gesehen heißt das: „Nimm's leichter und gelassen, dann geht alles wie von selbst und man fühlt sich wohl in seiner Haut."

4. Die Schattenspiele der Körpersprache

Neuere Studien zeigen, dass 86 Prozent unserer Körpersprache nonverbal ist. Das heißt: Was wir verbal mitteilen, macht nur einen kleinen Teil unserer Botschaft aus.

Unser Gesichtsausdruck wird von jeder emotionalen Empfindung unbewusst geprägt. Auch unsere Körperhaltung und Gestik unterstützen unsere Botschaften – die Energie, die wir ausstrahlen, unsere Körpersprache, sendet ununterbrochen Signale aus, die jedem aufmerksamen Betrachter die inneren Beweggründe unserer Botschaften mitteilen.

Andere Menschen nehmen mehr oder weniger bewusst unsere Körpersprache wahr und spüren, ob sie mit dem, was wir sagen oder tun, übereinstimmt oder nicht.

Ralph Waldo Emerson, einer der klassischen US-amerikanischen Autoren, sagte einst: „Der, der Sie sind, spricht so laut, dass ich nicht hören kann, was Sie sagen."

Ob beruflich oder privat, es ist für uns von großer Bedeutung zu wissen, welche Signale unsere Körper übermitteln und was andere uns mitteilen. Unser Verstand wendet eine Menge Energie auf, um bei der irgendwann einmal gewählten Maske zu bleiben. Wir selektieren und zensieren jede unserer Erfahrungen fortlaufend, um unser Egoideal der Welt zu zeigen. Um eine Ahnung davon zu bekommen, wie viel Köperenergie notwendig ist, um etwas vor sich selbst und anderen zu verbergen, probieren Sie es doch einmal mit folgendem Trick:

Tragen Sie einen halben Tag lang eine Orange in Ihrer Hand, aber so, dass Sie und andere die Frucht nicht sehen können. Schon nach kurzer Zeit wird Ihnen der Energieaufwand bewusst, den Sie für diese Arbeit leisten müssen.

Diese Menge an Energie, die nötig ist, um Ihr Egoideal aufrecht zu halten, wird Ihre Gesundheit in späteren Jahren schwer beeinträchtigen, wie wir heute aus der Stressforschung wissen.

Wir altern nicht nur früher, sondern verschleißen uns in der nutzlosen Anstrengung, anderen ein Gesicht zu zeigen, das unsere Körpersprache ganz offensichtlich widerlegt. Könnten wir uns dazu entschließen, etwas mehr über die Schattenspiele unseres Körpers zu erfahren und einige der verborgenen Aspekte unserer inneren Antreiber kennen zu lernen, um diese anders zu bewerten, würde diese blockierte Energie frei.

Diese zusätzliche Energie könnten wir dann für unser persönliches Wachstum und das Erreichen unserer höchsten Ziele einsetzen.

Das Verbergen dessen, was wir nicht sein wollen und was wir der Welt nicht mitteilen wollen, „unsere Geheimnisse", diese sind es, die die Schwelle zu schädigendem Stress ständig überschreiten und letztlich den Körper schwächen.

Ein Schlüsselerlebnis in einer sehr deprimierenden Situation war für mich die Erkenntnis, welche großartigen Potenziale in meinen vermeintlich schwachen Seiten steckten. All die so genannten Fehler, all die Dinge, die wir an uns nicht mögen, können unsere größten Stärken sein. Dadurch, dass wir versuchen, unsere Schwächen krampfhaft zu unterdrücken, nutzen diese Schwächen jede emotional besetzte Situation, um sich zu offenbaren und uns zu entlarven.

Der Schatten will leben

Wenn wir das Potenzial, das in unserem Schatten steckt, nutzen wollen, müssen wir ihn nicht bekämpfen, sondern ihm erlauben, zu leben.

Die an sich positiven Qualitäten unserer Charakterzüge führen bei falscher Anwendung zu negativem Verhalten – die Lautstärke ist zu groß, das ist alles. Lernen wir, diese zurückzudrehen, dann können unsere vermeintlichen Schwächen zu wunderbaren Werkzeugen werden, die für uns arbeiten und nicht gegen uns.

Maßvoll und im richtigen Zeitpunkt eingesetzt, können zum Beispiel eine gesunde Aggressivität und Wut dafür sorgen, dass wir gehört werden und uns durchsetzen können.

So gesehen, ist selbst Angeberei nichts anderes als ein zu „lautes" Selbstvertrauen.

Hinter launischen Phasen mit draufgängerischem Verhalten steckt häufig nichts anderes als Spontanität und positives Denken, nur zu sehr verstärkt. In zu massivem Auftreten steckt Führungsqualität. In verbaler Gewandtheit und Bereitschaft, nach vorn zu treten, steckt Einsatzbereitschaft – alles nur ein paar Umdrehungen zu schnell. Selbst in der Unsicherheit, die in schwierigen Situationen unser Verhalten beeinträchtigt, kann die wunderbare Gabe der Intuition stecken, die uns veranlasst, mit der nötigen Vorsicht auf manche Dinge zuzugehen.

All diese vermeintlich negativen Aspekte, die zudem die Eigenschaft besitzen, sich unbewusst der Körpersprache zu bedienen, können also Qualitäten sein, die, wenn sie „leiser" gedreht werden, absolute Anerkennung verdienen.

Lernen Sie, diese Verhaltensweisen anders zu nutzen, sie nicht zu unterdrücken und zu verleugnen. Versuchen Sie, sich anders wahrzunehmen. Seien Sie ehrlicher zu sich selbst und nehmen Sie Ihren Körper dabei „wörtlich".

Stellen Sie sich folgende Fragen:

- Wie kommuniziere ich mit mir selbst?
- Welche Gedanken bewegen mich in prekären Situationen?
- Lächle ich, wenn ich niedergedrückt oder traurig bin?
- Versteift sich mein Körper bei Kritik oder negativen Botschaften?
- Friert mein Lächeln ein, wenn ich mich gestresst fühle?
- Glaube ich bei bester Verfassung zu sein, obwohl mir der Spiegel etwas anderes zeigt?
- Drückt mein Körper Nervosität oder Unruhe aus, wenn ich erzähle, welch tolles Leben ich führe?

Es ist nicht leicht, sich diesen Fragen zu stellen. Sie müssen sich Ihre eigene Erlaubnis einholen, dass die Antworten auch unangenehm ausfallen können.

Wenn wir die Schattenseiten in uns aufdecken, werden wir nicht zu einer anderen Person. Sich mit dieser Seite auszusöhnen und ihr die Möglichkeit zu geben, ihre positive Qualität in unser Leben zu integrieren, ist nichts anderes, als ganz und wahrhaftig zu leben. Wir bemühen uns ständig, unsere Persönlichkeit zur Lichtgestalt werden zu lassen, beruflich und privat: „Man wird nicht erleuchtet, wenn man sich Lichtgestalten vorstellt", sagte C. G. Jung, „sondern, indem man sich die Dunkelheit bewusst macht".

In Ihrem Körper, seinem Ausdruck, seinem emotionalen Verhalten, in seinen psychosomatischen Reaktionen, steckt Ihre ganze Kraft, Ihre Vitalität, Ihre Kreativität, Ihre Brillanz und auch Ihr gesamtes Wissen über den Weg zu sich selbst.

Ein Lächeln kostet nichts

Babys beginnen bereits kurz nach der Geburt zu lächeln, dies zählt zu den beeindruckendsten Phänomenen der Entwicklungspsychologie. Da die Bezugsperson auf dieses Lächeln ebenfalls lächelnd reagiert, werden durch das gemeinsame Lächeln zärtliche Zuneigung und die zwischenmenschliche Bindung verstärkt.

Lächeln hat von Geburt an eine verhaltenssteuernde Wirkung. Es signalisiert den Eltern, dass ihre Fürsorge dem Kind angenehme Gefühle verschafft, die bitte fortgeführt werden sollen. Lächeln ist also eine Ausdrucksform, die den emotionalen Kontakt zwischen Kind und Bezugsperson gewährleistet und so die Interaktion steuert.

Ein Lächeln drückt nicht nur positive Gefühle aus, sondern wirkt ebenso dauerhaft wie ansteckend. Sie werden sicher auch schon die Erfahrung gemacht haben, dass es gleich schwierig ist, auf ein Lächeln bei Babys oder bei Erwachsenen *nicht* zu reagieren.

Auf der ganzen Welt wird das Lächeln nicht nur als Ausdruck positiver Gefühle wie Freude, Zuneigung, Zufriedenheit und Wohlbefinden verstanden, sondern auch die Erfolgsgefühle werden meist mit strahlendem Lächeln angezeigt.

Wird allerdings ein Lächeln nicht erwidert, kann dies bei der lächelnden Person zu irritierenden Gefühlen führen, da das Beziehungsangebot, das mit dem Lächeln signalisiert wird, ins Leere geht.

Lächeln Sie, wenn Sie telefonieren

Lächeln Sie am Telefon Ihren Gesprächspartnern zu, besonders jenen, die in Ihnen Ärger verursachen. Beobachten Sie sich dabei im Spiegel und versuchen Sie, Ihre Empfindungen wahrzunehmen. Sie können sicher sein, dass Ihr Ärger sich legt, Ihr Tonfall freundlicher wird und das Gespräch einen guten Verlauf nimmt.

In diesem Zusammenhang gibt es noch eine interessante Feststellung, die ich immer wieder beobachten kann. Durch die Veränderung der Gesichtsmimik verändert sich das Atemverhalten. Der Atem wird ruhiger und langsamer.

- Entspannen Sie Ihre Stirn in der Mitte, nach vorne und zu den Seiten.
- Ziehen Sie die Augenwinkel leicht herab und Ihre Mundwinkel leicht herauf (bei weichen Lippen). Lassen Sie Ihre Zunge locker.

Es genügen schon zwei bis drei Minuten dieses Lächelns, um das sympathische Nervensystem (Hauptzweig des vegetativen Nervensystems) zu beruhigen und die Körpervorgänge zu normalisieren, d.h. der emotionale Stress wird abgebaut, und Ihre allgemeine Stimmungslage wird ruhiger und ausgeglichener.

Lächeln stärkt emotionale Bindungen

Besonders wert- und wirkungsvoll ist das Lächeln für die Regulierung von Beziehungen. Trotz schuldzuweisender verbaler Ausdrucksweise kann ein Lächeln als nonverbaler Ausdruck die emotionale Verbundenheit signalisieren. Auf diese Weise können emotionale Reaktionen des Partners unterbrochen werden und sich eigene Affekte auflösen. In einem spannungsgeladenen Augenblick gemeinsam lachen zu können ist wohl der schönste Ausdruck von gelebter Gemeinsamkeit.

5. Gehen Sie strategisch vor: Entspannungstechniken

Im Folgenden stelle ich Ihnen praktische und leichte Entspannungsübungen für Ihre Anti-Stress-Punkte, Reflexbögen und Ihre Stressmuskulatur vor.

Übungen für Ihre Anti-Stress-Punkte

Bei Anti-Stress-Punkten handelt es sich um sehr sensitive Körperzonen, die einen progressiven Entspannungsprozess bewirken.

- Lehnen Sie sich entspannt zurück. Wenn Sie Ihre Haltung zuerst entspannen, fördert dies die Wahrnehmungsfähigkeit.
- Sitzhaltung: Stellen Sie sich vor, dass Sie sich an sich selbst anlehnen können.
- Lassen Sie Ihre Schultern sanft nach hinten und unten sinken.
- Lassen Sie Ihren Rücken breit ins Gesäß sinken.
- Geben Sie Ihrem Po einen bequemen, weichen Sitz. Entspannen Sie besonders die Aftergegend.
- Lassen Sie Ihren Bauch weich und locker nach vorne kommen und dann Ihren Atem in den Bauch rutschen.
- Lenken Sie dann Ihre Aufmerksamkeit auf die Stirnmitte.

Übung: **Erster Anti-Stress-Punkt – Entspannung der Stirn**

- Versuchen Sie, Ihre Stirn in der Mitte zu entspannen – nach vorne, mit der Vorstellung einer leichten Wölbung. Entspannen Sie die Stirn seitwärts zu den Schläfen, abwärts zu den Augenwinkeln und zur Nasenspitze.

Übung: **Zweiter Anti-Stress-Punkt – Entspannung der Kopfhaut und des Hinterkopfes**

- Lenken Sie Ihre Aufmerksamkeit auf den höchsten Punkt des Kopfes.
- Entspannen Sie diese Zone, indem Sie sie in Ihrer Vorstellung kreuzartig ausdehnen: seitwärts über beide Gehirnhälften und abwärts zu den Ohren, nach vorne zum Haaransatz, dann vom Kopfpunkt aus nach hinten und abwärts über den Hinterkopf und die Halswirbelsäule.
- Versuchen Sie die kleinen reflexartigen Bewegungen wahrzunehmen, zum Beispiel, dass sich dabei die Ohren leicht abwärts senken, die Augenwinkel abwärts ziehen und sich das Kiefergelenk entspannt.

Diese Reflexe lassen sich nutzen, denn wenn Emotionen im Gesicht Spannungen erzeugen können, so sind wir auch in der Lage, diese von außen durch Nutzen der reflexartigen Verbindungen wieder zu lösen.

Übung: **Dritter Anti-Stress-Punkt – Entspannung des Brustraumes**

- Lenken Sie Ihre Aufmerksamkeit auf das Brustbeinende (Sternum).
- Entspannen Sie diese Zone, indem Sie sie in Ihrer Vorstellung kreuzartig ausdehnen: seitwärts zu den Achseln, aufwärts zur Kehle und abwärts zum Bauchnabel.
- Versuchen Sie die Atmung in Ihrer lockeren, weichen Mitte wahrzunehmen.

Übung: **Vierter Anti-Stress-Punkt – Entspannung des Bauch- und Beckenraumes**

- Lenken Sie Ihre Aufmerksamkeit auf den Bauchnabel.
- Entspannen Sie diese Zone, indem Sie sie in Ihrer Vorstellung kreuzartig ausdehnen: seitwärts zu den Hüften, aufwärts zum Brustpunkt und abwärts zum Genitalbereich.

Sehr wahrscheinlich nehmen Sie in diesem Augenblick auch Ihre Beine und Füße bewusst wahr. Sie werden dabei auch ein feines Prickeln oder sehr feine Nadelstiche in Ihren Fingerkuppen und in Ihren Zehen spüren.

Wenn Sie diese Empfindungen haben, bestimmt der Ruhefaktor Ihr vegetatives Nervensystem. Ihr Körper befindet sich auf Entspannungskurs, wenngleich es noch einige störende Gedanken gibt. Damit diese nun auch verschwinden, wenden Sie ein so genanntes Mantra (Schlüsselwort) an:

- Stellen Sie sich vor, Sie sitzen in der Sonne und helles, angenehmes Licht flutet wie durch ein Fenster in Ihren Kopf- und Stirnraum und breitet sich darin aus.
- Ersetzen Sie alle anderen Gedanken durch das Wort „Licht", während Sie in dieser Vorstellung eines hellen lichtdurchfluteten Kopfes schwelgen.
- Bleiben Sie einfach so lange sitzen, wie Sie wollen.

Nutzen Sie Ihre Reflexbögen

Durch die vorangegangenen Übungen haben Sie einige unbewusste Mechanismen erfahren, die bestimmte Reflexe auslösen.

Einmal Erkanntes lässt sich erfolgreich im Alltag nutzen, zum Beispiel mit der Übung des „Inneren Lächelns". Es handelt sich um eine Übung des „stillen Qi Gong" aus der alten chinesischen Tradition, Gesundheit zu leben.

Übung: Inneres Lächeln

- Entspannen Sie zunächst Ihren Körper und lassen Sie Ihren Atem zur Ruhe kommen.
- Versuchen Sie dann, Ihre Stirn in der Mitte zwischen den Augenbrauen nach vorne zu entspannen.
- Stellen Sie sich vor, Sie liegen in der Sonne.
- Entwickeln Sie das Gefühl eines hellen lichten Stirnraumes.
- Lassen Sie in Ihren Augen ein Lächeln entstehen, das bald das ganze Gesichtsfeld ausfüllt.
- Strahlen Sie Ihr Lächeln weit nach außen – über einen halben Meter weit.
- Lächeln Sie dann aus Ihrem Scheitel heraus.
- Strahlen Sie Ihr Lächeln durch die Kopfhaut weit nach oben.
- Lächeln Sie nun aus Ihrem Herzen. Verbreiten Sie eine warme, freundliche, helle und liebevolle Atmosphäre aus ihrem Brustraum heraus.
- Lächeln Sie aus Ihrem Bauch – weit nach außen.
- Versuchen Sie das Lächeln in Ihrem Körper auszuweiten, und dann strahlen Sie das Lächeln über die Körpergrenzen hinaus.
- Stellen Sie sich bei jedem Ausatmen vor, dass sich die Energie des inneren Lächelns weiter ausbreitet, bis Sie schließlich von einer großen Hülle dieser Energie umgeben sind.

Wenn Sie sich mit dieser einfachen Methode vertraut gemacht haben, können Sie sie ganz spontan in privaten und beruflichen Situationen einsetzen. Besonders in Fällen, in denen Sie die Situationen nicht auf direktem Wege verbessern können, hat sich diese Form des inneren Lächelns als besonders hilfreich erwiesen.

Die Stressmuskulatur entspannen

Übung: Kiefergelenk lockern und entspannen

- Pressen Sie Ihren Mund sehr fest zusammen (ca. zehn Sekunden).
- Entspannen Sie danach ganz spontan.
- Ziehen Sie Ihren Mund breit auseinander (ca. zehn Sekunden). Entspannen Sie danach.
- Spitzen Sie Ihre Lippen wie zum Pfeifen (ca. zehn Sekunden). Entspannen Sie danach.
- Lassen Sie Ihr Kiefergelenk locker herabhängen, die Lippen weich aufeinander, die Zunge locker im Mund.
- Ziehen Sie Ihre Mundwinkel ganz leicht nach oben, ohne dabei das Kiefergelenk mit zu bewegen.
- Schließen Sie danach kurz Ihre Augen, entspannen die Stirn nach vorne und vertiefen das Lächeln in Ihren Augen.

Prägen Sie sich diese Gesichtsmimik ein und versuchen Sie am Tag mehrmals daran zu denken.

Übung: Nasenfunktion verbessern und Atem entspannen

- Ziehen Sie Ihre Nase kraus (ca. zehn Sekunden). Entspannen Sie.
- Verengen Sie Ihre Nasenflügel (ca. zehn Sekunden). Entspannen Sie die Nase.
- Weiten Sie die Nasenmuscheln (ca. zehn Sekunden). Entspannen Sie die Nase.

- Ziehen Sie beim Einatmen (durch die Nase) die Oberlippe über den Oberkiefer, beim Ausatmen locker lassen (ca. fünf Atemzüge lang).
- Schließen Sie danach Ihre Augen, konzentrieren Sie sich auf den die Nase durchströmenden Atem und versuchen Sie den Atem wechselseitig wahrzunehmen: fünf Atemzüge durch die rechte Nasenseite und fünf Atemzüge durch die linke Nasenseite.

Prägen Sie sich auch diese weiche Gesichtsmimik ein, indem Sie Ihre Augen schließen, Ihre Stirn nach vorne entspannen und nun das Lächeln in den Augen vertiefen.

Übung: **Ohrenfunktion verbessern, Ohrenhintergrund durchbluten und entspannen**

- Ziehen Sie Ihre Ohrenränder von unten nach oben, danach umgekehrt mit Daumen und Zeigefinger nach außen.
- Wiederholen Sie dies dreimal.
- Klopfen Sie danach mit Ihren Fingerkuppen rund um Ihre Ohren (ca. dreimal).
- Ziehen Sie Ihre Ohren nach hinten, danach spontan locker lassen.

Achten Sie dabei auf Ihre Gesichtsmimik, Ihre Mundwinkel werden ganz automatisch lächeln.

Übung: **Augen entspannen, Sehkraft verbessern**

- Pressen Sie Ihre Augen kräftig zusammen (ca. zehn Sekunden), danach lockern.
- Reißen Sie Ihre Augen weit auf, danach lockern.

- Rollen Sie mit weit geöffneten Augen zu allen Seiten mehrmals herum. Danach die Augen sanft schließen und kurz entspannen.
- Blinzeln Sie so schnell wie Sie können und rollen Sie dabei erneut die Augen mehrmals herum.
- Reiben Sie danach kräftig Ihre Handflächen gegeneinander, legen Sie diese danach auf Ihre geöffneten Augen und entspannen Sie sich dabei.

Übung: Stirn entspannen

- Ziehen Sie Ihre Stirn in Falten, zunächst in Querfalten (ca. zehn Sekunden). Entspannen Sie.
- Versuchen Sie die Steilfalte zwischen den Augenbrauen zu bilden (ca. zehn Sekunden), danach wieder entspannen.
- Schließen Sie Ihre Augen und versuchen Sie sich vorzustellen, dass Sie Ihre Stirn räumlich ausdehnen können: zu den Schläfen, zu den Augenwinkeln abwärts, zur Nasenspitze und nach oben zum Haaransatz.

Entspannen Sie einige Atemzüge lang bei geschlossenen Augen, prägen Sie sich Ihre Gesichtsmimik ein und auch Ihren Bewusstseinszustand – also das, was Sie jetzt an Gefühlen empfinden.

Verbinden Sie alle vorangegangenen Übungen zu einer, indem Sie Ihr „inneres Lächeln" üben. Erfolg ist Ihnen sicher: Ein entspanntes Gesicht ist einfach schöner.

Anti-Stress-Strategie Nr. 1: Den Feind erkennen

3

1. Anti-Stress-Strategien, die überlegen machen

Stress ist aus unserem heutigen Leben nicht mehr wegzudenken. Die auslösenden Faktoren bewirken bei verschiedenen Menschen unterschiedliche Körperreaktionen.

Der vaskuläre Typ beispielsweise ist durch sein leicht erregbares Temperament besonders anfällig für vulkanartige Ärgerexplosionen und dementsprechend lebensgefährliche Stressreaktionen wie spontane Gefäßverkrampfungen, die die Durchblutung des Herzens verringern und einen Infarkt auslösen können.

Insbesondere für den vaskulären, sehr stressanfälligen Typ sind die nachfolgenden Anti-Stress-Strategien daher eine Art Lebensversicherung.

Jeder kann lernen, mit Stress gesünder umzugehen und aus dem chronischen Stress mit gesundheitsschädigenden Auswirkungen eine Herausforderung zu machen, die sogar von lustvollen Gefühlen begleitet sein kann.

Wenn wir heute über Stress klagen, dann beten wir die übliche Litanei herunter: zu viel Arbeit, zu wenig Zeit, Hektik, Lärm, unsichere Zeiten, Geldsorgen, Ärger ohne Ende durch nervende Mitmenschen.

Stress – das ist der tägliche Kleinkrieg mit einem unberechenbaren Feind, der da draußen in einer komplizierten und fordernden Umwelt lauert und uns das Leben schwerer macht, als es ohnehin schon ist.

Stress ist unvermeidbar, das wissen wir, und trotzdem wirft er uns jedes Mal aus dem Gleichgewicht. Die Balance unseres inneren Milieus geht verloren:

Auf der einen Seite sprudeln wir kurzfristig vor Lebensenergie über, auf der anderen Seite werden wir krank, weil wir den Krafthahn nicht abstellen können.

Ob die Stressreaktion auf das Zweckmäßige begrenzt bleibt oder unbemerkt weiterschwelt, hängt davon ab, ob wir uns gedanklich und emotional über die Stress-Situation hinaus mit dem Stressauslöser beschäftigen.

Wir beneiden Tiere, zum Beispiel Katzen, um Ihre Begabung zur völligen Entspannung. Eine gestresste Katze faucht und buckelt – aber sobald sie erkannt hat, dass die Gefahr vorüber ist, kann sie sofort wieder relaxen.

Wir dagegen tun uns da viel schwerer, gibt es doch so viel zu bedenken – aber auch das hilft uns nicht immer, es wird selbst zur enormen Stressquelle und kann uns, wenn wir den Abstellknopf für das Gedankenkarussell nicht finden, in eine unangenehme geistige Geiselhaft nehmen, aus der es so schnell kein Entrinnen gibt.

Stress ist hausgemacht. Er entsteht vor allem durch Erinnerung an ähnliche Situationen. Können wir schwierige Situationen nicht abhaken, verlängern wir die gesunden Stressreaktionen ins Ungesunde.

Auch durch negatives Denken nach dem Motto „Oh Gott, was wird da noch alles auf mich zukommen“, versetzen wir bereits unseren Körper in einen Alarmzustand, bevor er wirklich gefordert wird.

2. Ihre persönlichen Stressoren

Um sich mit Stress konstruktiv auseinander zu setzen, sollten Sie Ihre persönlichen Stressoren kennen lernen. Dabei geht es nicht allein um den Druck von außen.

Beantworten Sie ganz ehrlich die folgenden Fragen:

- Welche Situationen lösen bei mir regelmäßig körperliche Reaktionen aus, zum Beispiel Kopfschmerzen, Schulter- und Nackenverspannungen, Rückenschmerzen, Herzklopfen und -stiche, Übelkeit, Magendruck, Kloßgefühl im Hals, plötzlichen Durchfall oder übermäßigen Harndrang?

- Haben Sie Schlafprobleme? Gibt es etwas, das Ihren Schlaf stört? Kreist Ihr Gedankenkarussell immer oder kreisen Ihre Grübeleien um ein bestimmtes Thema?

- Sind Sie teilweise sehr unkonzentriert, verlieren den roten Faden im Gespräch, oder können Sie sich selbst einfache Dinge schlecht merken? Wenn ja, finden Sie heraus, wann und wo Ihre Konzentration nachlässt.

- Was verursacht intensive negative Gefühle – massiver Ärger, Frust, Niedergeschlagenheit – bei mir?

- Wann habe ich das Gefühl, einfach hintergangen, überfahren, überwältigt zu werden? Gefühle brechen oft ganz spontan aus, breiten sich explosionsartig im Körper aus und haben dann oft einen zähen Abgang. Finden Sie heraus, welche Gefühle länger als nur ein paar Minuten andauern.

- Was hält Sie ab von gesunden Gewohnheiten? Finden Sie heraus, was der Grund für Ihre Bequemlichkeit ist.

3. Zum Risiko wird Stress erst durch uns selbst

Auch unter extremem Zeit- und Arbeitsdruck, selbst bei Schicksalsschlägen können wir gesund und stabil bleiben, da jede Art von Stress subjektiv, also psychisch erlebt wird.

Ob Stress schädigende Auswirkungen hat, hängt nicht allein von der Art der Stressquelle ab, sondern vor allem davon, wie wir diese beurteilen und uns selbst in den Bewältigungsmöglichkeiten einschätzen und wie wir dann entsprechend reagieren.

Um schädigende Stressreaktionen weitgehend zu entkräften, ist es notwendig, die inneren Antriebe zu erkennen. Wir müssen lernen, diese nicht nur in Schach zu halten, sondern sie mit entsprechenden Gegenargumenten schachmatt zu setzen.

Natürlich ist es viel leichter, die äußeren beruflichen Stressoren und Belastungen zu benennen und für unseren Stress verantwortlich zu machen. Außerdem schieben wir nur zu gern die Schuld auf die Umstände oder andere Personen.

Auch die physischen Stressoren sind schnell erkennbar. Schwieriger wird es hingegen bei den psychischen inneren Stressoren. Wir haben nicht gelernt, in unseren emotionalen Stress-Situationen auf uns selbst zu achten, auf das, was wir denken, welche fest installierten Gedankenprogramme immer wieder ablaufen, d.h., welcher „Antreiber" gerade das Sagen hat, geschweige denn, den entsprechenden Körperreaktionen angemessen Aufmerksamkeit zu zollen.

Damit Sie Ihren wirklichen Feind kennen lernen, sollten Sie die folgende Checkliste aufmerksam studieren:

Checkliste: Stressoren

- Berufliche Faktoren
  - Hetze, Termindruck, ständige Arbeitsunterbrechungen
  - Wechsel des beruflichen Aufgabenbereiches
  - Ansprechpartner für viele Personen gleichzeitig sein
  - Unklare Arbeitsanweisungen
  - Informationsüberflutung
  - Zu wenig Information und Planung
  - Wenig oder keine Pufferzeiten
  - Ungutes Arbeitsklima, Konflikte
  - Prüfungen, Beurteilungen
  - Berufliche Unzufriedenheit, zum Beispiel durch Unterforderung
  - Fehlende Anerkennung
  - Kündigung, Arbeitslosigkeit
- Körperliche Faktoren
  - Lärm
  - Extreme Temperaturen bei Hitze oder Kälte, starke Temperaturschwankungen
  - Ungünstige Wohnverhältnisse
  - Übermäßiger Alkoholgenuss, Rauchen, Nahrungsmittelunverträglichkeit
  - Hohe Verkehrsdichte
  - Arbeit in geschlossenen Räumen mit wenig Licht oder Betonbauweise, Arbeit unter Tage
  - Chemische Gifte – Ausdünstungen in Gebäuden
  - Bewegungsmangel
  - Starke Veränderung des Arbeitsrhythmus zum Beispiel durch Schichtarbeit: Die mangelnde Flexibilität des Körpers macht den schnellen Wechsel von Schlafgewohnheiten nicht mit. Er braucht Zeit, um sich auf veränderte Gewohnheiten neu einzustellen!

Fortsetzung: Checkliste: Stressoren

- Private Belastungen
  - Partnerschaftsprobleme, Trennung, Tod
  - Ruhestand
  - Veränderte Lebensumstände, wenn zum Beispiel Kinder das Haus verlassen
  - Schwangerschaft
  - Konflikte mit Kindern, Schulschwierigkeiten, Pubertät
  - Der Gesundheitszustand eines Familienmitgliedes
  - Krankheit
  - Darlehen
  - Konflikte in der Verwandtschaft
  - Probleme mit Eigentum oder Steuern
  - Steigende Preise von Gebrauchsgütern
  - Zu viel Arbeit im Garten und im Haus
  - Dinge verlieren oder verlegen
- Emotionale Faktoren
  - Hohe Erwartungshaltungen an sich selbst
  - Eigene Fehler nur schwer zugeben können
  - Perfektionsdrang, Ehrgeiz, Neid, Kontrollzwang
  - Ständiges Besorgtsein, sich immer um alles kümmern müssen
  - Ängste vor Krankheit, Versagens- oder Verlustängste
  - Entscheidungsunfähigkeit, Unsicherheit
  - Aggressionsbereitschaft, ständiger Ärger
  - Misserfolge
  - Rivalisierendes Verhalten
  - Existenzielle und finanzielle Probleme
  - Ungeduld, Unfähigkeit zum Abschalten
  - Unzufriedenheit mit dem eigenen Aussehen/Körper
  - Isolation

Praxis-Tipp:

Gehen Sie einen kürzlich erlebten und als stressig empfundenen Tag durch und notieren Sie Ihre Beobachtungen. Verbeißen Sie sich nicht in nutzlosen Anstrengungen, den Stress aushalten zu wollen. Akzeptieren Sie ihn als Tatsache des Lebens und nutzen Sie seine Kraft für sich. Reagieren Sie auf Stress nicht automatisch und kämpferisch, sondern halten Sie ein – holen Sie tief Luft und atmen Sie ein paar Mal gründlich durch – und denken Sie nach.

Das mag jetzt ganz banal klingen, ist es aber nicht. Wir tappen regelmäßig in die Stressfalle, weil wir sofort und meist ohne nachzudenken auf alle Stressoren reagieren.

4. Stress am Arbeitsplatz

Negativer Stress entsteht vor allem, wenn die (selbst-)gestellten Aufgaben und die eigenen Fähigkeiten nicht zueinander passen, wenn man sich Anforderungen hilflos ausgeliefert fühlt. Deshalb leiden selbst Topmanager mit 14-stündigen Arbeitstagen selten unter Stress, solange sie Arbeitsabläufe und -einsätze unter Kontrolle haben – bzw. das Gefühl haben, sie unter Kontrolle zu haben.

Hilflosigkeit und das Gefühl, den Überblick zu verlieren, erzeugen die größte Belastung.

Prüfen Sie, auf was und in welchem Maße Sie Einfluss nehmen können. Werden Sie aktiv, versuchen Sie aus der Opferrolle herauszukommen. Lernen Sie zu unterscheiden, welchen Stress Ihre Arbeitssituation mit sich bringt und welchen Sie sich selbst machen.

Checkliste: Arbeitsplatz

- Kommen Sie vielleicht schon gestresst am Arbeitsplatz an, weil Sie sich durch den morgendlichen Berufsverkehr quälen? Gibt es Transportalternativen?
- Lässt sich der Arbeitsplatz und vielleicht auch seine Umgebung angenehmer gestalten?
- Haben Sie genug Pausen?
- Sind Getränke und Essen im Tagesablauf leicht erreichbar?
- Lassen Sie sich von bestimmten Situationen, Konferenzen, Arbeitsgesprächen, Aufgabenverteilungen unter Stress setzen? Lassen sich diese vermeiden, oder können Sie sich besser darauf vorbereiten?
- Müssen alle Aufgaben tatsächlich heute erledigt werden? Welchen Anteil am Stress hat Ihr Perfektionsdrang?
- Können Sie sich vor Überlastung schützen? Können Sie überhaupt „Nein" sagen?
- Können Sie Abläufe planen, ohne dass Sie durch andere Anforderungen – Telefonate, Kollegen – plötzlich gestört und unterbrochen werden?

Prüfen Sie anhand Ihrer Beobachtungen, welche Faktoren Sie unter Stress setzen und ob diese sich reduzieren lassen.

Soziales Umfeld am Arbeitsplatz: Wenn Sie sich isoliert, geschnitten, gemobbt, einsam an Ihrem Arbeitsplatz fühlen, müssen Sie dies nicht als unabwendbares Schicksal ertragen. Sie können bestimmt etwas daran ändern, zum Beispiel:

- indem Sie altgediente Kollegen ansprechen, nach deren Erfahrungen fragen und sie um Rat bitten;
- indem Sie mit neuen Kollegen Kontakt aufnehmen, Ihnen Hilfe anbieten, Informationen über Besonderheiten der Firma, Tipps für Restaurants, Einkaufsmöglichkeiten etc. geben;
- indem Sie Arbeitsabläufe und Aufgaben mit Kollegen offen diskutieren;
- indem Sie sich bewusst vornehmen, freundlich zu sein.

Fragebogen zur Arbeitssituation

Dieser Fragebogen kann Ihnen helfen herauszufinden, in welcher Weise Sie Ihre Möglichkeiten einschätzen, Veränderungen anzustreben.

Wie beurteilen Sie Ihre Lage?

Bitte beantworten Sie die folgenden Fragen wie bei Schulnoten mit „sehr gut", „gut", „befriedigend", „ausreichend", „mangelhaft", „ungenügend", und kreuzen Sie die jeweiligen Punktzahlen 1 bis 3 mit einem grünen und die Punktzahlen 4 bis 6 mit einem roten Stift in der rechten Spalte an.

Das Verhältnis zu meinem Vorgesetzen ist ...	① ② ③ ④ ⑤ ⑥
Das Verhältnis zu meinen Kollegen ist ...	① ② ③ ④ ⑤ ⑥
Meine Möglichkeit, eigenständige Entscheidungen zu treffen, ist ...	① ② ③ ④ ⑤ ⑥

Das Verständnis, das mein Vorgesetzter privaten Problemen entgegenbringt, ist ...	① ② ③ ④ ⑤ ⑥
Das Verhältnis zwischen meinen Leistungen und meiner Bezahlung ist ...	① ② ③ ④ ⑤ ⑥
Meine Motivation, die mir gestellten Aufgaben zu lösen, ist ...	① ② ③ ④ ⑤ ⑥
Die Nachvollziehbarkeit meiner Aufgabe ist ...	① ② ③ ④ ⑤ ⑥
Die Möglichkeit, stressigem Konkurrenzdruck auszuweichen, ist ...	① ② ③ ④ ⑤ ⑥
Die Anerkennung, die ich von Kunden oder Auftraggebern erhalte, ist ...	① ② ③ ④ ⑤ ⑥
Die Möglichkeit, Stress und Überforderung am Arbeitsplatz zu vermeiden, ist ...	① ② ③ ④ ⑤ ⑥
Die Möglichkeit, bei meiner Arbeit Hektik und großen Zeitdruck zu vermeiden, ist ...	① ② ③ ④ ⑤ ⑥
Das Ausmaß an Selbstwertgefühl, das mir mein Job gibt, ist ...	① ② ③ ④ ⑤ ⑥

Bitte überprüfen Sie jetzt, wie viele Kreuze Sie mit Rot und wie viele Sie mit Grün gemacht haben. Überwiegt Rot oder Grün, oder ist das Verhältnis ausgeglichen?

5. Fragebogen: Dauerstressattacken

Stellen Sie selbst fest, in welcher Weise die Dauerstressattacken bei Ihnen bereits zugeschlagen haben (gelegentlich: 0 Punkte, öfters: 1 Punkt, länger anhaltend: 2 Punkte):

Körperliche Ebene

- Verspannungen in der Muskulatur (Rücken, Muskelzittern, Ticks) ⓪ ① ②
- Schwitzen (nächtliche Attacken) ⓪ ① ②
- Atembeschwerden (Kloß im Hals, Druck in der Brust, nicht durchatmen können, Seufzeratem) ⓪ ① ②
- Herzrhythmusstörungen, Kreislaufstörungen ⓪ ① ②
- Blutdruckschwankungen ⓪ ① ②
- Magen- und Darmprobleme, Übelkeit ⓪ ① ②
- Schlafstörungen ⓪ ① ②
- Fehlende Kraft und Energie, Müdigkeit ⓪ ① ②
- Sexuelle Funktionsstörungen ⓪ ① ②
- Vegetative Dystonie (organische Fehlfunktionen) ⓪ ① ②
- Geräuschempfindlichkeit ⓪ ① ②
- Anfälligkeit für Infektionen ⓪ ① ②

Seelische Ebene

- Aggressionsbereitschaft ⓪ ① ②
- Reizbarkeit, Wut ⓪ ① ②
- Nervosität ⓪ ① ②

- Unruhe (ständig etwas tun müssen) ⓪ ① ②
- Unsicherheit ⓪ ① ②
- Unzufriedenheit ⓪ ① ②
- Angstgefühle ⓪ ① ②
- Gefühlsschwankungen ⓪ ① ②
- Niedergeschlagenheit, Traurigkeit ⓪ ① ②
- Depression, Sehnsucht, Hoffnungslosigkeit ⓪ ① ②
- Nicht „Nein" sagen können ⓪ ① ②
- Unzulänglichkeitsgefühle („das schaffe ich nicht") ⓪ ① ②

Geistige Ebene

- Gedächtnisstörungen ⓪ ① ②
- Konzentrationsschwächen ⓪ ① ②
- Leistungsabfall ⓪ ① ②
- Realitätsflucht (Tagträumen) ⓪ ① ②
- Im Gespräch den roten Faden verlieren (nicht zuhören können) ⓪ ① ②
- Grübelnde Selbstgespräche ⓪ ① ②
- Sorgenvolles Denken ⓪ ① ②
- Beängstigende Vorstellungsbilder (Schwarzsehen) ⓪ ① ②
- Akzeptanzschwierigkeiten ⓪ ① ②
- Zersetzendes Kritisieren (verachtendes, ablehnendes Denken) ⓪ ① ②
- Zeit- und Termindruck ⓪ ① ②
- Angst vor neuem Lernen ⓪ ① ②

Auswertung:

- Bis 20 Punkte: Sie können davon ausgehen, dass Sie Ihren Lebensalltag mit dem richtigen Stress leben, den Sie brauchen, um sich gut zu fühlen, leistungsfähig und dabei auch bei recht guter Gesundheit zu sein.
- 20 bis 40 Punkte: In diesem Bereich sieht es schon kritischer aus. Sie sollten Ihr Spannungsniveau und Ihren Stresspegel mit entsprechenden Coping-Maßnahmen wie Muskelrelaxation, maßvoll betriebenem Sport, mit geistiger Entspannung immer wieder abbauen. Darüber hinaus sollten Sie durch Atemtechniken und Energieübungen bereits beginnen, Ihre Stressresistenz aufzubauen. Dies ist in Eigenregie für jeden machbar.
- Mehr als 40 Punkte: Sie brauchen professionelle Hilfe. Scheuen Sie sich nicht, entsprechende Stellen aufzusuchen, zum Beispiel einen Arzt. Dieser sollte mit speziell für Sie ausgewählten Vitaminen, Mineralstoffen, Enzymen und eventuell auch Hormonen Ihren Jungbrunnen wieder ankurbeln, damit Ihr allgemeiner Gesundheitszustand stabilisiert wird. Eine psychotherapeutische Beratung wäre ebenfalls hilfreich, um Ihr Verhalten nicht nur zu coachen, sondern auch mit Ihnen gemeinsam die Ursachen für Ihre inneren Antreiber unwirksam zu machen.

Praxis-Tipp:

Da wir individuell sind und nicht jedes Training für jeden passt und machbar ist, möchte ich Ihnen Folgendes empfehlen:

- Wenn sich im körperlichen Bereich des Fragebogens die meisten Punkte angesammelt haben: Achten Sie auf ausreichende Entspannung. Mit sportlicher Aktivität und einer gesunden Mischkost liegen Sie dann genau richtig.
- Wenn sich mehr Punkte im seelischen Bereich der Auswertung befinden, sind softe Formen der Körperentspannung

angebracht: zum Beispiel sanftes Yoga und beruhigende Atemtechnik (Wechselatmung). In Ihrer Ernährung sollten Sie eine kohlenhydrathaltige Kost bevorzugen, die dazu ballaststoffreich ist, da auf diese Weise Ihre Gift- und Schlackenstoffe besser ausgeschieden werden können.

- Bei Punkten überwiegend im geistigen Bereich sollten Sie mentale Trainingstechniken wie Selbstentspannung (S.E.) im Stil des autogenen Trainings, Meditation und andere Atemtechniken anwenden, die Ihre Konzentrationskraft fördern. Nehmen Sie wenig belastende Nahrung, wie fleischlose Kost und viel frisches Obst und Gemüse zu sich.

6. Fragebogen: Welcher Stresstyp sind Sie?

Entscheiden Sie, ob Sie in folgenden Situationen in Stress geraten: (immer: 3 Punkte, häufig: 2 Punkte, oder selten: 1 Punkt):

- Sie haben sehr dringende Aufgaben zu erledigen, dazwischen klingelt immer wieder das Telefon ① ② ③
- Sie wollen zur Arbeit und Ihr Auto springt nicht an ① ② ③
- Sie müssen aus organisatorischen Gründen plötzlich den Arbeitsplatz wechseln ① ② ③
- Ihr Vorgesetzter bittet Sie zu einem spontanen persönlichen Gespräch ① ② ③
- In der Post ist ein nicht erwarteter Brief von einer Behörde ① ② ③
- Sie verpassen Ihren Zug oder Bus ① ② ③
- Sie haben private Konflikte ① ② ③

- Ihnen bleibt nur wenig private Zeit, um Einkäufe zu erledigen ① ② ③
- Ihr Mitarbeiter steht in Konkurrenz zu Ihnen ① ② ③
- Sie können nur schwer Entscheidungen bei dringenden und wichtigen Aufgaben treffen ① ② ③
- Es ist schon sehr spät, doch Sie müssen noch etwas vorbereiten ① ② ③
- Sie befinden sich unter finanziellem Druck ① ② ③
- Sie wachen nachts auf und können schlecht wieder einschlafen ① ② ③
- Sie nehmen unerledigte Arbeit mit nach Hause ① ② ③
- Sie werden kurz vor Arbeitsschluss gebeten, etwas Dringendes zu erledigen ① ② ③
- Sie fühlen sich an Ihrem Arbeitsplatz fremdbestimmt ① ② ③
- Sie wollen ein wichtiges Projekt zu Ende führen, dennoch nicht auf Freizeit verzichten ① ② ③
- In der Firma gibt es Gerüchte über Entlassungen ① ② ③
- Sie stehen im Stau und haben Termindruck ① ② ③
- Die Arbeit Ihrer Mitarbeiter genügt nicht Ihren Ansprüchen ① ② ③

Auswertung:

- 20 bis 33 Punkte: Geringer Stress – im Normalbereich liegende Belastung
- 34 bis 46 Punkte: Zeitweise Hochstress mit entsprechender Körperbelastung
- 47 bis 60 Punkte: Chronischer Stress – im Körper stehen alle Warnsignale auf Rot. Höchste Zeit für ein richtiges Programm!

Anti-Stress-Strategie Nr. 2: Stress ausbremsen durch aktives Entspannen

4

1. Belastung durch Belastung verringern

Die meisten Kämpfe, die in uns die Kettenreaktion physischer Vorgänge auslösen und damit einen Stresszustand entstehen lassen, finden in unserem Kopf statt.

Es ist fast immer die Psyche, die angegriffen wird. Schwere körperliche Belastungen sind in unserer Zeit selten geworden.

Doch es ist vor allem unser Körper, der bei chronischem Stress in Mitleidenschaft gezogen wird. Wir reagieren tatsächlich immer noch wie vor Millionen von Jahren, als ob wir Herausforderungen durch Weglaufen oder durch physisches Angreifen lösen könnten.

Die beste Gegensteuerung und Bremse für jede Art von Stress und seine negativen körperlichen Folgen ist jedoch unser Körper selbst. Übungstechniken, die Körper und Geist entspannen, sind eine Stressmedizin, die paradox ausgerichtet ist: Belastung durch Belastung verringern.

Dabei sollten Sie darauf achten, dass es sich um leichte aerobische Aktivitäten wie Walking (schnelles Gehen), langsames Joggen, gemütliches Rad fahren oder Schwimmen handelt. Zweimal pro Woche ca. 30 Minuten reichen aus, um die homöostatische Balance des Körpers (das Gleichgewicht der körpereigenen chemischen Stoffe) wiederherzustellen und die Stresshormone Adrenalin, Noradrenalin und Cortisol abzubauen. Die dann durch die körperliche Aktivität frei werdenden psychisch aufhellenden Endorphine stellen zudem unsere Seelenruhe wieder her.

Es kostet meist nur einige Überwindung, sich zu einer körperlichen Aktivität aufzuraffen – die ersten zehn Minuten des Laufens sind in der Tat oft mühsam.

Die Belastung muss keineswegs hoch sein

Neueste Untersuchungen haben ergeben, dass die Belastung keineswegs besonders hoch sein muss, um eine optimale Wirkung zu erzielen. Im Gegenteil: Die von vielen Fitnessbewussten als zu gering eingestufte Belastung ist ausreichend, um den Körper stressresistenter und belastbarer zu machen.

Größere Anstrengungen wirken dagegen stressfördernd und schwächen das Immunsystem; dies ist zum Beispiel bei Leistungssportlern ein großes Problem.

Als besonders wohltuend haben sich Übungen erwiesen, die wie Yoga, Feldenkrais, Eutonie, Stretching, Tai Chi oder Qi Gong das sinnliche Erleben fördern.

Yoga: Traditionelle Lehre aus dem alten Indien, nach der das ganzheitliche Bewusstsein des Menschen geschult werden soll.

Feldenkrais: Bewusstsein durch Bewegung. Bei Feldenkrais-Übungen geht es darum, über möglichst viele Bewegungsvarianten die richtige für sich selbst herauszufinden.

Eutonie: Übungen, die das richtige Maß zwischen Anspannung und Entspannung sowie die natürliche Verbundenheit mit der Umgebung vermitteln sollen.

Stretching: Gezieltes, langsames Dehnen der Muskulatur, das den Bewegungsapparat lockert und entspannt. Die Durchblutung wird durch Stretching besonders gefördert.

Tai Chi: Traditionelles gymnastisches Übungsprogramm der chinesischen Medizin mit dem Anspruch, Körper, Seele und Geist zu vereinigen und die Körperenergien zu harmonisieren.

Qi Gong: Traditionelle chinesische Übungen, die ebenfalls die Lehre der körperlichen und geistigen Energie beinhalten. Qi-Gong-Übungen vermitteln, wie durch bestimmte Bewegungen der Fluss dieser Energien gesteuert werden kann.

Die oft sehr sanften Haltungen oder mehr oder weniger kraftvollen Bewegungsabläufe fördern insbesondere die Körperwahrnehmung, die, wenn sie ausgeprägt ist, uns rechtzeitig auf Missstände im Körper hinweisen kann. Auch passive Entspannungsmethoden sind ein Muss, wenn wir aus schädlichem Stress guten Stress machen möchten: Selbstentspannung (S.E.) im Stil des autogenen Trainings, entspannende Atemtechniken, Konzentrationsübungen oder Meditation.

2. Bauen Sie Ihre Kernstärke auf

Abgesehen von großen Übungsprogrammen, die einen Teil Ihrer Freizeit erfordern, gibt es eine Reihe von Übungen, die Sie leicht immer einmal „zwischendurch" machen können.

Üben Sie die richtige Haltung – rückenstärkende und rückenentspannende Übungen für den Alltag

Überprüfen Sie immer wieder Ihre Haltung und üben Sie die Grundprinzipien der guten Haltung. Hauptziel der folgenden Grundprinzipien ist es, eine „Kernstärke" zu entwickeln, aus der Ihr Körper einen großen Teil seiner Kraft beziehen kann.

Grundprinzip Nr. 1:

- Ziehen Sie den Bauch ein.
- Ziehen Sie zwischendurch, so oft Sie können, die Beckenbodenmuskeln im vorderen und hinteren Genitalbereich an und den Nabel ans Rückgrat. Das trainiert nicht nur die Bauchmuskulatur, sondern dehnt auch die unteren Partien der Wirbelsäule und versorgt Sie zudem mit Energie. Sie kräftigen Ihren Beckenboden und erhöhen so Ihre Vital- und Sexualkraft.

Übung: Im Sitzen

- Strecken Sie Ihren Rücken, damit er sich aufrichtet.
- Heben Sie Ihren Brustkorb an, sodass sich Ihre Schultern senken und der Bauch frei wird.
- Ziehen Sie Ihren Bauch ein und Ihre Schulterblätter abwärts.
- Ziehen Sie Ihre Beckenbodenmuskeln im Bereich des Afters und – ganz wichtig – im vorderen Genitalbereich hoch.
- Halten Sie den Rücken bei eingezogenem Bauch in dieser aufrechten Haltung.
- Üben Sie dann in dieser Haltung die „laterale Atmung".

Grundprinzip Nr. 2: Kontrolliertes, laterales Atmen

Übung: Laterale Atmung

- Vermeiden Sie, während Sie einatmen, eine Ausdehnung des Brustkorbs ganz oben – Ihre Wirbelsäule würde sich sofort durchbiegen.
- Halten Sie Ihre Rippen im gleichen Abstand zu Ihren Hüften.
- Legen Sie Ihre Hände seitwärts an den Rippen. Legen Sie Ihre Zungenspitze an den oberen Gaumen, atmen Sie langsam mit geöffnetem Mund ein – der Rippenkorb dehnt sich dabei seitwärts aus –, atmen Sie langsam durch die Nase wieder aus: Die Rippen ziehen sich einwärts.
- Wiederholen Sie die laterale Atmung mehrmals, damit sich Ihnen diese Bewegung einprägt.

Konzentration: Ihre Muskeln reagieren besser auf einen Trainingsimpuls, wenn sich auch Ihr Kopf voll auf die Aktivität konzentriert.

Jeder Muskelimpuls wird vom Gehirn gesteuert. Wenn Sie sich voll auf die Übungen konzentrieren, dient das nicht nur einer besseren Bewegung, sondern fördert zudem Ihre Konzentrationsfähigkeit.

Grundprinzip Nr. 3: Entspannung

Damit Sie sich in dieser ungewohnten Grundhaltung auch wohl fühlen können, müssen Sie lernen, sich langsam zu entspannen, sodass die Haltung aufgerichtet bleibt, Sie sich jedoch darin wohl fühlen.

Übung: Entspannung

- Haltung: angespannt – Rücken gestreckt, Brust angehoben, Bauch eingezogen, die Beckenbodenmuskeln hochgezogen.
- Haltung: entspannt – Ihr Rücken bleibt gestreckt, die Brust angehoben. Lassen Sie dann Ihren Bauch unter dem angehobenen Brustkorb langsam locker werden und weich nach vorne kommen – die Wirbelsäule muss dabei in Ihrer gestreckten geraden Haltung verbleiben. Danach lassen Sie Ihr Gesäß locker werden, bis Sie das Gefühl haben, breit und weich zu sitzen.

Zur Kontrolle, dass Sie aufgerichtet und trotzdem entspannt sind: Bewegen Sie Ihren Oberkörper nach rechts und links. Wenn Sie das Gefühl haben, dass Ihre Füße am Boden kleben und sie sich auch während der Bewegung des Oberkörpers nicht mit bewegen, ist Ihre Haltung gut und richtig.

Wissenswertes zum Aufbau der Kernstärke

Die Bauch- und Rückenmuskulatur bildet das Zentrum des Körpers. Dieses Körperzentrum muss Priorität haben, denn wenn ihr die nötige Kraft und Ausdauer fehlt, verliert unsere Mitte die notwendige Stabilität.

Bauch- und Rückenmuskulatur sind gleichermaßen an der Stabilisierung des Rumpfes beteiligt. Sind diese Muskelgruppen zu schwach, verschiebt sich die Wirbelsäule, was Haltungsschäden und eine erhöhte Anfälligkeit für Verletzungen zur Folge hat. Sind diese Muskelgruppen jedoch kräftig und beweglich, ist es leichter, eine korrekte Haltung zu bewahren.

Die Grundprinzipien einer richtigen Haltung machen unsere Kernmuskeln stärker und flexibler, stabilisieren unsere Mitte, wodurch sich das Risiko von Rückenschmerzen und haltungsbedingten, degenerativen Wirbelsäulenschäden erheblich verringert.

Übungsvarianten zur Entspannung der Stressmuskulatur

Übung: Nackendehnung

- Bauen Sie Ihre Kernstärke nach den Grundprinzipien auf.
- Ziehen Sie Ihre Schultern ganz zu den Ohren hoch und halten Sie sie dort.
- Atmen Sie fünf Atemzüge lang mit lateraler Atmung.
- Lassen Sie dann Ihre Schulter schnell fallen.

Übung: Kopfdrehung

- Bauen Sie Ihre Haltung auf.
- Drehen Sie Ihren Kopf langsam nach rechts, halten Sie ihn dort und machen Sie drei Atemzüge mit lateraler Atmung.
- Drehen Sie den Kopf langsam zurück und halten Sie dabei den Rücken gerade und die Bauchmuskulatur straff. Wiederholen Sie diese Übung auf der anderen Seite.

Übung: Kopf seitlich beugen

- Bauen Sie Ihre Kernstärke auf.
- Drehen Sie Ihren Kopf langsam zur rechten Seite, halten Sie ihn dort – achten Sie dabei auf eine stolze Kopfhaltung mit angezogenem Kinn – und machen Sie drei Atemzüge in der lateralen Atmung.
- Drehen Sie den Kopf langsam zurück und halten Sie dabei den Rücken gerade und die Bauchmuskulatur straff.
- Wiederholen Sie diese Übung auf der anderen Seite.

Übung: Stehen

- Lassen Sie Ihre Arme locker herabhängen.
- Strecken Sie Ihre Beine und den Rücken – alle Zehen müssen den Boden berühren.
- Heben Sie Ihren Brustkorb an.
- Ziehen Sie den Bauch ein und die Beckenbodenmuskeln hinten und vorne hoch.
- Strecken Sie die Fingerspitzen in Richtung Fußboden.
- Ziehen Sie dann Ihre Schulterblätter nahe an der Wirbelsäule nach unten, sodass sie nicht nach hinten abstehen.
- Versuchen Sie dabei, Ihre Atembewegungen lateral (zeitlich) zu kontrollieren.
- Entspannen Sie sich langsam, ohne den geraden Rücken zu verlieren.

3. Der Beckenboden – Ihr Kraftpaket

Die Beckenbodenmuskeln bilden eine dynamische Plattform am Beckenboden, die sowohl der inneren Stabilität als auch der Unterstützung der Blasen- und Darmfunktion dient.

Gut trainierte Beckenbodenmuskeln erhöhen außerdem die Orgasmusfähigkeit der Frau und die Erektionsleistung des Mannes.

Wenn wir davon ausgehen können, dass ein Dauerstresspegel Darmstörungen verursacht sowie die sexuelle Funktionsleistung stark beeinträchtigt, sind diese speziellen Übungen besonders geeignet, funktionelle Störungen der im Bauch- und Beckenraum befindlichen Organe zu beheben. Blockaden im unteren Wirbelsäulenbereich (Steiß- und Kreuzbein, sowie im unteren Lendenwirbelsäulenbereich) lassen sich ebenfalls erfolgreich lösen.

Die Bewegung der Beckenbodenmuskulatur ist eine Art „Heben und Pressen". Sie ermöglicht es, den Urinstrahl zu unterbrechen und das Entweichen von Blähungen zu kontrollieren. Psychosomatisch gesehen ist so manche Stressinkontinenz (unkontrolliertes Verlieren von Urin) darauf zurückzuführen, dass mit zunehmendem Alter auch die ständige „Urin-Kontrolle" als frustrierend erlebt wird und deshalb hier die Kontrolle als Erstes nachlässt – man lässt es einfach laufen.

Grundübung 1: optimale Muskelstärkung

Es ist wichtig, diese Übungen korrekt auszuführen, um die Beckenbodenmuskulatur zu stärken.

Eine Frau kann diese Übung gut vor dem Spiegel kontrollieren. Die richtige Anspannung der Beckenbodenmuskeln zieht den Anus zusammen, während sich der Damm leicht aufwärts bewegt. Beim Mann kontrolliert der Anus die Schließmuskeln, während sich gleichzeitig der Penis leicht hebt. Sie und Ihr Partner sollten versuchen, den Druck dieser Anspannung auch im Innern der Vagina zu spüren. Die Gefühlsintensität wird stärker.

Der nächste Schritt ist, die Kontraktion aufrechtzuerhalten und zu wiederholen. Wahrscheinlich werden Sie zunächst nur kurze Kontraktionen zustande bringen.

Ziel ist, die Kontraktionen mindestens zehn Sekunden zu halten und auch die Anzahl der Wiederholungen auf mindestens zehn zu erhöhen.

Übung:

- Kontrahieren Sie die Beckenbodenmuskulatur zunächst in kurzen schnellen Anspannungen (mindestens zehnmal schnell hintereinander).
- Halten Sie nach zehn schnellen Bewegungen die Kontraktion für jeweils zehn Sekunden an.
- Wiederholen Sie die Übung sechsmal am Tag (Intensivtraining).

Da das Gehirn eher die Bewegungen von Muskelgruppen als von einzelnen Muskeln kontrolliert, konzentrieren wir uns beim Training auf die Muskeln, die gut zusammen arbeiten. Das sind die Beckenbodenmuskeln und die Bauchmuskeln.

In den folgenden Kernstärkeübungen können wir das Anspannen und Heben der Beckenbodenmuskulatur an die Kontraktionen der Bauchmuskeln koppeln.

Fühlen Sie, wie im Laufe des Trainings Ihre Bauchmuskeln flacher und straffer werden.

Ihr Rücken wird es Ihnen danken, indem er Ihnen tägliche Stabilität und Wohlgefühl beschert – Verspannungen und Schmerzen gehören der Vergangenheit an.

Grundübung 2: Training der Kernstärke und Körperbeherrschung

- Legen Sie sich auf den Rücken und stellen Sie Ihre Füße vor dem Gesäß flach auf den Boden – Ihre Arme ruhen neben dem Körper.
- Bauen Sie Ihre Kernstärke auf – ziehen Sie den Bauch ein.
- Drücken Sie mit den Füßen leicht zum Boden.
- Ziehen Sie die Beckenbodenmuskulatur an (im After- und im vorderen Genitalbereich).

Übung: **Position 1**

- Ziehen Sie das rechte Bein angewinkelt auf den Bauch. Halten Sie die Kernstärke und achten Sie darauf, dass Ihr Rücken flach bleibt!
- Strecken Sie das linke Bein nach vorne aus.
- Rechter Fuß: gestreckt in einer Linie mit dem linken Knie.

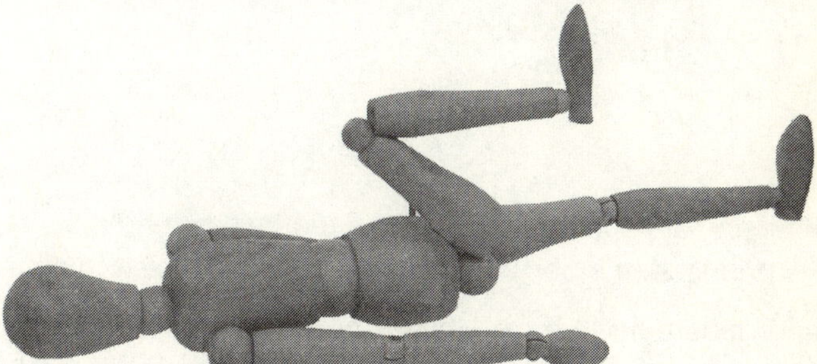

- Atmen Sie lateral (seitlich die Flanken dehnen). Heben Sie beim Einatmen das rechte Bein. Setzen Sie beim Ausatmen das rechte Bein auf.
- Atmen Sie langsam und wiederholen Sie die Übung mit dem anderen Bein (insgesamt fünfmal mit jedem Bein).

Intensivtraining: Halten Sie die Position nach dem Anheben eines Beines für ca. 30 Sekunden. Atmen Sie bei gehaltener Kernstärke kontrolliert langsam in Ihre Flanken.

Übung: Position 2

- Bauen Sie Ihre Kernstärke auf!
- Aus der gleichen Ausgangsposition machen Sie die gleiche Beinbewegung nun mit angehobenem Oberkörper.
- Steuern Sie die Beinbewegung über die Bauchmuskulatur, halten Sie diese so straff wie möglich, atmen Sie lateral und möglichst langsam.

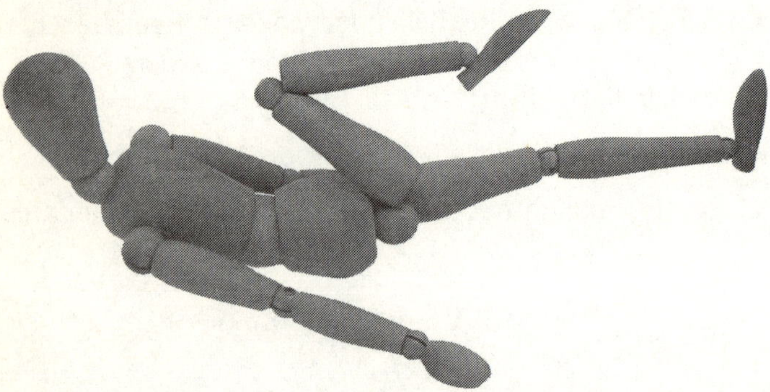

- Beim Anheben des angewinkelten Beines führen Sie beide Hände zum Knie – nicht auflegen, sondern seitlich halten.
- Wiederholen Sie die Übung mit dem anderen Bein (insgesamt fünfmal mit jedem Bein) und wechseln Sie auch die Handstellungen.

Intensivtraining: Führen Sie die Übung statisch bei gehaltener Kernstärke aus. Halten Sie mit angehobenem Bein ca. 30 Sekunden an. Atmen Sie dabei langsam und lateral.

Übung: Position 3

- Gleiche Ausgangsposition mit aufgebautem Kraftkern. Achten Sie stets darauf, dass die Schulterblätter neben der Wirbelsäule abwärts gezogen werden.
- Heben Sie das rechte Bein angewinkelt an.
- Heben Sie Ihren Oberkörper an.
- Legen Sie die rechte Hand an den Knöchel und die linke Hand an die Innenseite des rechten Knies.
- Heben Sie dann Ihr linkes Bein mit gestrecktem Fuß leicht ca. 15 cm hoch.
- Achten Sie auf Ihre gestrafften Bauchmuskeln.

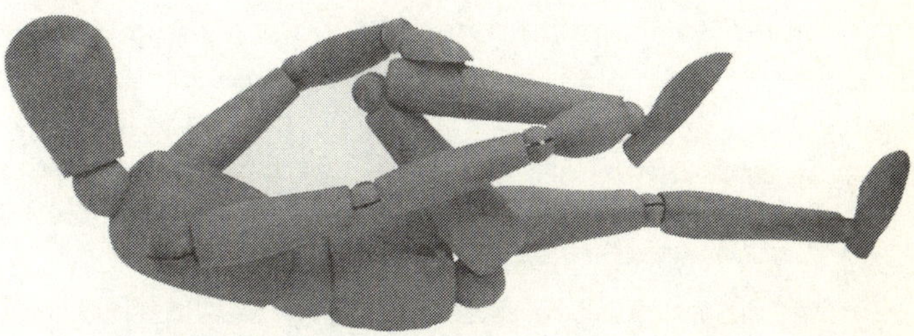

- Wechseln Sie die Handstellung während des Beinwechsels.
- Atmen Sie aus, wenn Sie die Beine anheben und lateral ein, wenn Sie die Beine auflegen.
- Achten Sie auf den gleichen Abstand zwischen Rippen und Hüften – stellen Sie sich vor, Ihre Hüften stecken in einem Schraubstock.
- Bewegen Sie sich langsam und fließend.

Intensivtraining: Statische Ausführung bei gehaltener Kernstärke – nach dem Anheben der Beine die Position halten (ca. 30 Sekunden), dabei langsam und lateral atmen.

Grundübung 3: Oberschenkel und Bauchmuskeln

Übung: **Position 1**

- Ausgangsposition ist die Rückenlage mit angewinkelt aufgestellten Beinen. Die Arme liegen neben dem Körper.
- Bauen Sie Ihre Kernstärke auf – achten Sie darauf, dass die Schulterblätter nach unten gezogen sind.
- Heben Sie Ihre Beine an, sodass die Oberschenkel senkrecht stehen, die Unterschenkel waagerecht und die Füße angewinkelt sind.
- Pressen Sie Ihre Knie einige Sekunden fest zusammen.
- Halten Sie die Kernspannung ca. 30 Sekunden bei lateraler Atmung.

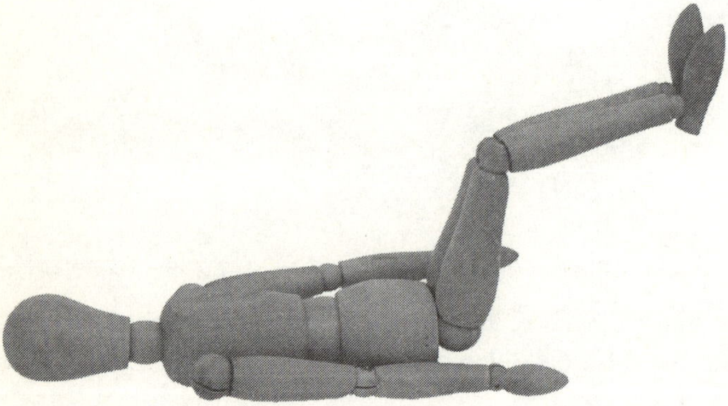

- Lassen Sie Ihre Füße zum Beenden der Übung bis dicht über den Boden sinken – die Zehen können den Boden leicht berühren, bevor Sie die Beine zum Entspannen ausstrecken.

Halten Sie dabei unbedingt die Kernstärke bei.

Übung: Position 2

- Diese Grundübung ist dieselbe wie zuvor – mit aufgebauter Kernstärke.
- Strecken Sie Ihre Beine nach oben an und bilden Sie mit Ihnen ein V.
- Pressen Sie dann Ihre Beine und Füße fest zusammen, bis Sie die Schenkelmuskulatur spüren.
- Achten Sie auf Ihren fest an den Boden fixierten Rücken bei gestraffter Bauchmuskulatur.

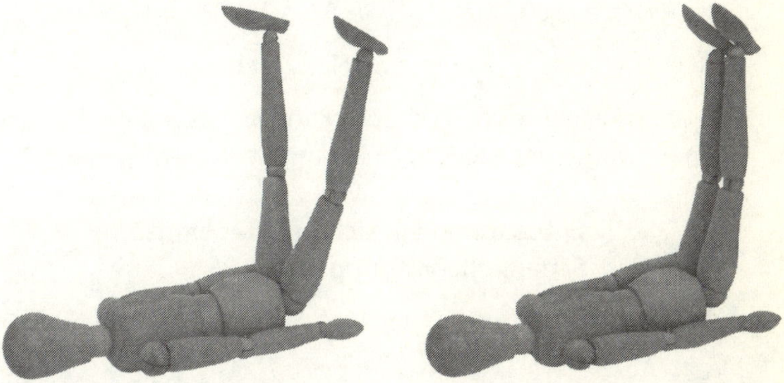

Übung: Position 3

- Ausgangsposition wie zuvor – mit aufgebauter Kernstärke.
- Strecken Sie die Beine senkrecht nach oben aus.
- Heben Sie den Oberkörper an, ohne Hals und Schultern zu sehr anzuspannen.
- Ziehen Sie den Kopf nicht ein, sondern ziehen Sie die Schulterblätter an der Wirbelsäule abwärts.

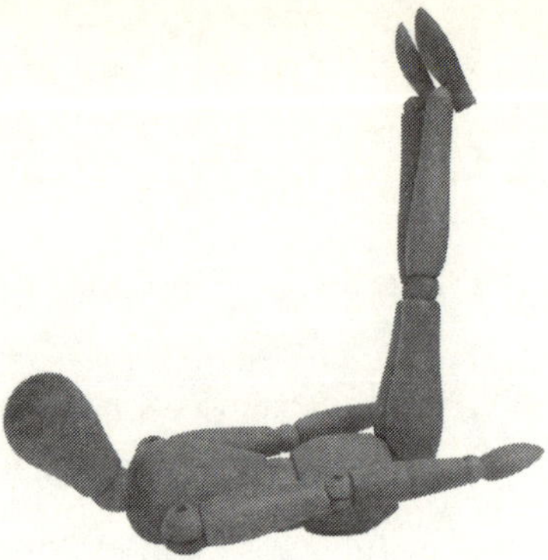

- Strecken Sie Ihre Arme in ca. 15 cm Höhe über dem Boden in Richtung Füße aus.
- Pressen Sie dann wieder die Beine fest gegeneinander.
- Halten Sie die Position ca. 30 Sekunden, bevor Sie sich – wie in der vorhergehenden Übung dargestellt – entspannen.

Übung: **Entspannen Sie sich in einer sanften Schenkelbewegung**

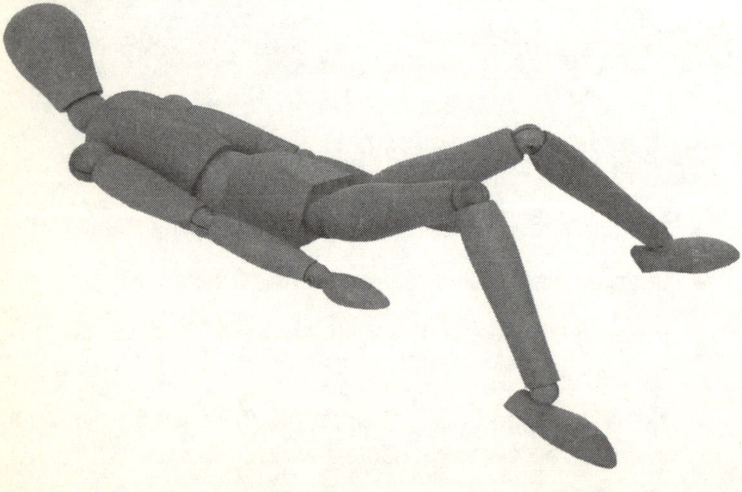

4. Ihr persönliches Herz-Kreislauf-Training

Ein optimales Programm besteht aus drei Elementen:

- Krafttraining, entweder im Fitness-Studio von Profis zusammengestellt oder zu Hause mit entsprechenden Geräten ebenfalls individuell angepasst
- Bewegungstraining, inklusive Haltungsschulung
- Herz-Kreislauf-Training mit gezielter Entspannung.

Das Herz-Kreislauf-Training wie der Power-Yoga-Zyklus oder das Walking stimuliert den Herzmuskel.

Ein regelmäßiges Training beugt Krankheiten vor und reguliert den Blutdruck.

Nebenbei wird dabei auch viel Fett verbrannt.

Praxis-Tipp:

Suchen Sie sich immer etwas aus, was Ihnen zusagt und bei dem Sie auch bleiben.

- Wie Sie dann trainieren, hängt von Ihrem Fitnesslevel ab. Sie können um so intensiver trainieren, je fitter Sie sind.
- Hören Sie während des Trainings ruhig Musik – das motiviert.
- Optimale Ergebnisse erzielen Sie, wenn Sie drei- bis viermal pro Woche Ihr Herz-Kreislauf-Training absolvieren und während der restlichen Zeit so aktiv wie möglich bleiben.

Testen Sie Ihren Fitnesslevel

Stellen Sie sich eine Skala von 1 bis 10 vor, auf der die 1 mühelos und die 10 die schwierigste Stufe für Sie ist.

Beispiel:

- Eva: Mitte 50, unsportlich

Aktivitätsskala

1	Bettruhe	ganz leicht
3	Spazieren gehen	2 km/h – leicht
4	Gehen	3 km/h – etwas schwerer
5	Gehen	4 km/h – anstrengend
6	Gehen	5 km/h – schwer
7	Walking	7 km/h – schwerer
9	Langsam Joggen	8 km/h – sehr schwer
10	Schnelleres Joggen	9 km/h – ganz besonders schwer

- Frank: Mitte 30, sportlich

Aktivitätsskala

1	Bettruhe	ganz leicht
3	Spazieren gehen	2 km/h – leicht
4	Gehen	5 km/h – etwas schwerer
5	Langsam Joggen	7 km/h – anstrengend
6	Schnelleres Joggen	9,5 km/h – schwer
7	Laufen	10,5 km/h – schwerer
8	Rennen	12,5 km/h – sehr schwer
10	Sprinten	15 km/h – sehr, sehr schwer

Unschwer ist zu erkennen: Was Frank leicht findet, fällt Eva furchtbar schwer. Ihr ganz persönliches Herz-Kreislauf-Training sollte sich zwischen 4 und 8 auf der Aktivitätsskala befinden. Sie müssen sich also schon ein bisschen anstrengen. Ausgepumpt dürfen Sie aber nach dem Training nicht sein. Tasten Sie sich langsam an Ihre Grenzen heran. Sie müssen nicht am ersten Tag ein Rennen gewinnen.

Je größer dann Ihre Fitness wird, desto intensiver dürfen Sie trainieren. Bleiben Sie aber auf der Bewertungsskala immer zwischen 4 und 8.

Bevor Sie mit dem Training beginnen: Übungen zum Aufwärmen

Vor dem Training, Joggen oder Walking ist es ratsam, einige Lockerungs- und Dehnungsübungen zu machen, um sich seelisch und körperlich auf den Sport einzustimmen.

Übung: **Einbeinkreisen-Lockerung des Hüftgelenkes**

- Legen Sie sich auf den Rücken – die Arme liegen neben dem Körper.
- Setzen Sie Ihre Füße vor dem Gesäß auf.
- Bauen Sie Ihre Kernstärke auf.
- Strecken Sie ein Bein in die Luft – strecken Sie dabei auch den Fuß.
- Kreisen Sie mit dem Bein fünfmal – ziehen Sie zuerst kleinere, dann größere Kreise.
- Atmen Sie dabei lateral bei fest am Boden fixierten Hüften.
- Wiederholen Sie die Übung mit dem anderen Bein.

Intensives Dehnen: Umgreifen Sie Ihre Oberschenkel mit beiden Händen, ziehen die Knie dicht auf den Bauch und strecken aus dieser Position die Unterschenkel nach oben. Halten Sie diese Position ca. 30 Sekunden bei lateraler Atmung.

Übung: Liegende Kniebeugen – Mobilisierung der Knie und Erwärmung der Knöchel

- Ausgangsposition ist die Rückenlage mit aufgestellten Beinen.
- Bauen Sie Ihre Kernstärke auf.
- Fixieren Sie Hüften und Rippen im gleichen Abstand auf dem Boden.
- Heben Sie das rechte Bein angewinkelt an und halten Sie dabei den Fuß gestreckt.
- Der Oberschenkel steht senkrecht.
- Strecken Sie dann das rechte Bein nach oben aus und beugen den Fuß.
- Atmen Sie dabei aus.
- Beugen Sie dann das Bein wieder in Richtung Boden.
- Atmen Sie dabei ein.
- Stellen Sie sich Ihr Knie als Scharnier vor, das sich auf und ab bewegt.
- Wiederholen Sie diese Übung fünf- bis siebenmal, wechseln Sie danach das Bein.

Intensives Dehnen: Halten Sie Ihre Beine nach oben ausgestreckt und bewegen Sie nur die Füße auf und ab – der Rücken ist am Boden fixiert und die Bauchmuskeln sind gestrafft.

Übung: Knöchelkreisen – das schmiert die Gelenke

- Aus der gleichen Ausgangsposition mit aufgestellten Beinen heben Sie ein Bein und lassen es auf dem anderen ruhen.
- Ziehen Sie mit Ihrem Knöchel Kreise in beide Richtungen, so langsam und konzentriert, wie Sie können.
- Denken Sie an Ihre Kernstärke.
- Wiederholen Sie die Übung mit dem anderen Bein.

Intensives Dehnen: Die Beine sind breit aufgestellt. Lassen Sie die Knie nach innen zum Boden sinken. Dehnen Sie Ihre Innenschenkel. Ziehen Sie die Beckenbodenmuskulatur an und straffen Sie den Bauch.

Versuchen Sie es doch mal mit der Walking-Technik

Zusammen mit einigen Übungen aus diesem Buch ist Walking hervorragend geeignet, um nicht nur fit zu sein, sondern auch mit Gelassenheit alltägliche Dinge zu bewältigen. Im Laufe seines Lebens hat jeder Mensch seinen eigenen Gehstil entwickelt. Erfahrene Körpertherapeuten haben durch Beobachtung dieser individuellen Gehstile eine Menge über die körperliche und seelische Befindlichkeit des Einzelnen herausfinden können:

- Ein gesenkter Kopf, ein gebeugter Oberkörper, den Blick auf die Füße gerichtet, dazu kleine vorsichtige Schritte deuten auf einen ängstlichen, unsicheren, vielleicht sogar depressiven Menschen hin, auf dessen Schultern die ganze Last der Welt zu liegen scheint.
- Einen aktiven, optimistischen Menschen erkennt man an seiner aufgerichteten Haltung, seinem erhobenen Kopf und kräftig ausgreifenden Schritt.

- Interessant ist auch der Gehstil eines eigensinnigen Menschen, der auf feste Riten, Ordnung und fast pedantische Prinzipien Wert legt. In seiner Haltung ist er überbetont gerade, und mit hölzern anmutender Bewegung marschiert er geradezu seines Weges.
- Einen recht gefühlvollen Menschen erkennen Sie an seinem weichen, wiegenden Schritt, wobei der ganze Körper zu schwingen scheint (typisch ist diese Gangart oft für dunkelhäutige Menschen).

Praxis-Tipp:

Achten Sie doch mal auf Ihren eigenen Gehstil. Beobachten Sie dann andere und beschreiben Sie Ihre momentane Stimmung dazu – Sie werden vielleicht Interessantes über sich selbst erfahren.

Körperhaltung

- Aufrechte Haltung des Oberkörpers.
- Wölben Sie Ihre Brust nach vorne.
- Ziehen Sie Ihre Schultern leicht zurück und nach unten.

So vermeiden Sie beim Walking Verspannungen der Schulter, Nacken- und Rückenmuskulatur.

Schritttechnik

- Üben Sie zunächst nur einzelne Schritte, später etwas größere Strecken.
- Steigern Sie Ihr Tempo erst bei längeren Strecken im Vergleich zu Ihrem normalen Gehtempo.

Abrollen der Füße

- Ihre Fußspitzen sollten möglichst in die Gehrichtung zeigen.
- Zuerst die Ferse betont aufsetzen.
- Rollen Sie dann den Fuß über die Fußsohle/Außenkante bis zu den Zehen ab, bis sie sich mit den Fußspitzen kräftig vom Boden abdrücken können.

Aktive Unterstützung durch die Arme – Bringen Sie nun Ihre Armbewegung aktiv in Ihren Gehrhythmus ein

- Halten Sie Ihre Arme angewinkelt, der Unterarm zeigt nach vorne.
- Die Hände leicht geöffnet halten. Nicht die Fäuste ballen.
- Führen Sie Ihre Arme rhythmisch von der Hüfte bis in Schulterhöhe – wie Pendel sollen die angewinkelten Arme locker im harmonischen Zusammenspiel gegengleich zu Ihren Schritten schwingen.

Schritttempo, -frequenz und -länge

Schritttempo, -frequenz und -länge beeinflussen sich gegenseitig. Erhöhen Sie Ihr Schritttempo, erhöht sich auch die Schrittfrequenz. Gleichzeitig verkürzt sich die Schrittlänge. Versuchen Sie umgekehrt, Ihre Schritte raumgreifender auszuführen, wird die Schrittfrequenz kleiner.

Zwischen diesen Komponenten gibt es ein individuelles Optimum, welches Sie selbst herausfinden müssen. Normalerweise stellt sich dieses Optimum beim Walken längerer Strecken von selbst ein.

Praxis-Tipp:

Zählen Sie ab und zu Ihre Schrittfrequenz. Je nach Trainingszustand sollte eine Schrittfrequenz von 110 – 130 Schritten pro Minute erreicht werden.

Atemtechnik

Walking löst in den Atmungsorganen den Reiz aus, mehr Luft aufzunehmen.

Wie viel Sauerstoff wir dabei aufnehmen können, ist von der Größe des Herzens, der Lunge und der Fähigkeit des Blutes, diese Sauerstoffmenge zu transportieren, abhängig, sowie von der Fähigkeit der Muskulatur, den Sauerstoff aufzunehmen und zu verbrauchen.

Beim Walking trainieren wir ganz automatisch die Leistungsfähigkeit aller genannten Organsysteme. Die normale Atmung wird durch die leichte Anstrengung des Walking schneller, weil der Körper mehr Sauerstoff aufnehmen muss. Untrainierte Personen kommen daher im Vergleich mit Trainierten schnell außer Atem.

Die muskulären Fähigkeiten, Sauerstoff aufzunehmen und zu verbrauchen, reichen bei ungewohnten körperlichen Aktivitäten nicht aus. Es kommt zu einem Ungleichgewicht: Die Muskulatur arbeitet ohne Sauerstoff und der aufgenommene Sauerstoff wird unverbraucht wieder abgeatmet. Folge: die so genannte Übersäuerung der Muskulatur. Die Leistungsfähigkeit des Körpers nimmt sehr schnell ab.

Kommen Sie also beim Walking außer Atem, deutet dies auf zu hohe Geschwindigkeit des Gehens hin.

Unterstützen Sie den Atmungsvorgang, indem sie aktiv tief und gleichmäßig im Rhythmus Ihrer Schritte Luft holen. Atmen Sie möglichst durch die Nase ein. Auf diese Weise gelangt selbst kalte Luft vorgewärmt, angefeuchtet und gesäubert in Bronchien und Lunge.

Praxis-Tipp:

Grundsätzlich gilt es den Atemrhythmus herauszufinden, der für Sie individuell angemessen ist. Testen Sie den Rhythmus selbst aus. Sollten Sie dennoch außer Atem kommen, walken Sie zu schnell. Ihre Muskulatur läuft Gefahr, zu übersäuern. Der Mehrbedarf an Sauerstoff muss zusätzlich durch die Mundatmung gedeckt werden:

- Verringern Sie Ihr Walking-Tempo langsam, bis Sie stehen bleiben.
- Achten Sie auf eine vollständige Ein- und Ausatmung wie bei der Tiefatmung (durch beide Nasenöffnungen einatmen, durch den Mund im Pfeifton ausatmen).

Ich wünsche Ihnen viel Freude bei dieser angenehmen Bewegung, die einerseits den Organismus in seiner Aktivität fördert und andererseits dem Bewegungsapparat genau die Stabilität und Flexibilität verleiht, um bis ins hohe Alter gesund und vital zu bleiben.

5. Energiegewinn statt Energieverlust

Vor einiger Zeit bin ich auf eine Technik gestoßen, deren Ursprung in einer sehr alten Yoga-Tradition zu finden ist.

Die Art und Weise, wie bei dieser Übung Atmung und Spannung miteinander verknüpft sind, bringt erstaunliche Ergebnisse hervor, die das Energieniveau des Körpers beträchtlich anheben.

Energie-Übungsreihe: Power-Yoga

Übung: Trichter

- Führen Sie beide Hände vor dem Körper hoch, öffnen Sie die Hände vor dem Gesicht, nehmen Sie Ihre Arme hoch über Ihren Kopf und bilden Sie mit den Armen und Händen einen Trichter.
- Bauen Sie Ihre Kernstärke auf.
- Strecken Sie Ihre Beine und Ihren Rücken.
- Ziehen Sie die Beckenbodenmuskeln hoch, straffen Sie den Bauch und ziehen Sie die Schulterblätter entlang der Wirbelsäule abwärts.
- Halten Sie diese Kernstärkespannung.
- Atmen Sie dabei dreimal langsam und gründlich durch beide Nasenöffnungen ein und durch eine kleine Mundöffnung langsam und bewusst aus.
- Atmen Sie lateral (seitwärts), damit Sie die Grundspannung nicht verlieren.
- Lassen Sie nun Ihre Arme sinken, bis die Hände sich in Brusthöhe befinden. Ihre Hände zeigen mit den Fingerspitzen nach oben.
- Entspannen Sie vollkommen in dieser Haltung.

Übung: Diagonale Streckung abwärts

- Ausgangsposition ist die Haltung der Hände vor dem Brustkorb.
- Strecken Sie die Arme schräg nach unten aus.

- Halten Sie die Hände mit den gestreckten Fingerspitzen diagonal ca. 30 cm vom Körper entfernt.
- Spannen Sie den ganzen Körper an und strecken Sie sich. Spannen Sie Ihre Beckenboden- und Bauchmuskeln an, ziehen Sie die Schulterblätter abwärts. Die Spannung halten. Dabei wieder dreimal die Tiefatmung wie in Übung 1.
- Führen Sie Ihre Hände vor den Brustkorb, legen Sie sie aufgerichtet gegeneinander.
- Dann entspannen Sie Ihren ganzen Körper.

Übung: Ausgebreitete Arme

- Ausgangsposition ist die Haltung der Hände vor dem Brustkorb.
- Strecken Sie Ihre Arme seitwärts weit aus. Sie bilden mit den Schultern eine Linie, die Handflächen zeigen dabei nach unten.
- Spannen Sie, wie in den Übungen zuvor, Ihren ganzen Körper an.
- Bei gehaltener Spannung atmen Sie dabei dreimal tief ein und aus.
- Führen Sie Ihre Arme zurück, und halten Sie Ihre Hände aufgerichtet gegeneinander gelegt vor dem Brustkorb. Entspannen Sie sich.

Übung: Abwärts gestreckte Arme

- Ausgangsposition ist die Haltung der Hände vor dem Brustkorb.
- Strecken Sie die Arme nach unten aus.

- Halten Sie die Hände mit den Fingerspitzen nach unten zeigend dicht vor den Oberschenkeln.
- Spannen Sie ihren ganzen Körper an, wie in den Übungen zuvor.
- Halten Sie die Anspannung ca. fünf Sekunden bei dreimaliger und tiefer Atmung.
- Entspannen Sie sich in Ihrem ganzen Körper. Lassen Sie spontan los. Halten Sie dabei Ihre Hände gegeneinander gelegt vor dem Brustkorb.

Übung: **Arme gestreckt nach hinten**

- Ausgangsposition ist die Haltung der Hände vor dem Brustkorb.
- Führen Sie Ihre Arme abwärts und weit hinter Ihren Körper.
- Die Fingerspitzen zeigen gestreckt nach hinten. Achten Sie darauf, im Brustkorb aufgerichtet zu bleiben.
- Spannen Sie den Körper an und strecken Sie sich.
- Dabei dreimal die Tiefatmung (durch beide Nasenöffnungen einatmen, durch den Mund im Pfeifton ausatmen).
- Danach entspannen Sie und halten dabei die Hände vor dem Brustkorb.

Übung: **Arme in Schulterhöhe ausgestreckt**

- Ausgangsposition ist die Haltung der Hände vor dem Brustkorb.
- Strecken Sie die Arme in Schulterhöhe aus.
- Die Hände aufgerichtet halten, die Fingerspitzen schließen mit der Schulterhöhe ab.

- Strecken Sie nun Ihren ganzen Körper, die Füße drücken zum Boden, und spannen Sie die Gesäßmuskeln an, wobei Sie die Beckenbodenmuskeln anziehen, den Bauch straffen und die Schulterblätter abwärts ziehen.
- Ziehen Sie Ihre Schultern leicht zurück und das Kinn zum Hals, ohne den Kopf zu beugen. Dabei dreimal tief durchatmen.
- Danach entspannen Sie Ihren Körper. Lassen Sie ganz spontan los.

Ich empfehle Ihnen, diesen Übungszyklus mindestens dreimal zu wiederholen. Ruhen Sie sich anschließend in angenehmer Haltung sitzend oder liegend aus.

Die Tiefatemtechnik – Energiegewinn ohne Einsatz

- Atmen Sie bewusst durch beide Nasenöffnungen langsam ein.
- Atmen Sie bewusst durch eine kleine Mundöffnung langsam aus.
- Halten Sie Ihren Brustkorb dabei aufgerichtet, den Bauch jedoch locker – die Lunge kann sich nur ausdehnen, wenn sie Platz hat.

Übung: Wechselatmung

Diese Übung hat eine unglaublich beruhigende und ausgleichende Wirkung auf das Nervensystem.

- Grundtechnik: Nehmen Sie Ihre aufrechte Sitzhaltung ein.
- Legen Sie Zeigefinger und Mittelfinger Ihrer rechten Hand auf die Mitte der Stirn.

- Den Ringfinger winkeln Sie nach innen ab, sodass der Daumen und der kleine Finger zur freien Verfügung bleiben.
- Mit dem Daumen drücken Sie ganz leicht auf das rechte Nasenloch in Höhe des seitlichen Nasenknorpels.
- Sammeln Sie Ihr Bewusstsein in der linken Nasenöffnung und erleben Sie hier Ihre Atmung.
- Bemühen Sie sich, den Atem zu verlangsamen, leicht und sanft, ganz ohne Zwang. Verweilen Sie zunächst bei der Wahrnehmung des Atems in Ihrer linken Nasenseite.
- Wechseln Sie dann die Nasenöffnung, indem Sie das linke Nasenloch mit dem kleinen Finger verschließen und so die Atmung durch die rechte Nasenöffnung erfahren. Lassen Sie sich Zeit für die unterschiedliche Wahrnehmung.

Wichtig: Sie werden sehr schnell diese wechselnde Atmung im Gedächtnis speichern. Später werden Sie Ihre Finger gar nicht mehr zu benutzen brauchen, um die jeweilige Atemqualität festzustellen.

Praxis-Tipp:

Der Fingerwechsel findet immer nach der Einatmung statt. Empfehlenswert sind zwölf vollständige Ein- und Ausatmungen.

Übung: Die klassische Wechselatmung

- Schließen Sie mit dem Daumen die rechte Nasenöffnung.
- Atmen Sie langsam durch die linke Nasenöffnung aus und langsam durch die linke Nasenöffnung wieder ein.
- Schließen Sie, wie in der Grundtechnik, die linke Nasenöffnung mit dem kleinen Finger.

- Öffnen Sie die rechte Nasenöffnung und atmen Sie durch die rechte Nasenöffnung langsam aus.
- Nun wiederholen Sie das Ganze in umgekehrter Reihenfolge. Atmen Sie durch die rechte Nasenöffnung langsam wieder ein, schließen Sie diese mit dem Daumen, öffnen Sie linksseitig – atmen Sie langsam aus.
- Atmen Sie linksseitig ein, schließen Sie die linke Nasenöffnung, öffnen Sie rechtsseitig und atmen Sie aus.
- Atmen Sie rechtsseitig wieder ein, schließen Sie die rechte Nasenöffnung, öffnen Sie linksseitig und atmen Sie aus usw.

6. S.E. – Selbstentspannung im Stil des autogenen Trainings

Diese Form der Entspannung lehnt sich eng an das bekannte autogene Training an.

In den vielen Jahren meiner Praxiserfahrung mit Entspannungsmethoden hat sich diese Form als besonders eingängig bewährt. Befragungen von Patienten aus den Kliniken, in denen ich unter anderem als Entspannungstherapeutin tätig bin, und von Teilnehmern meiner Stressmanagement-Seminare haben ergeben, dass die Selbstentspannung nicht nur als schnell wirksam, sondern auch als besonders leicht erlernbar betrachtet wird – wohl auch deshalb, weil diese Methode nicht unbedingt an eine bestimmte Körperposition gebunden ist, sondern überall praktiziert werden kann, wo Wartezeiten entstehen.

Ich kombiniere in diesem Entspannungsprogramm verschiedene Methoden – ausgehend von der Muskelrelaxation über die bewusste Atemführung bis hin zur geistigen Entspannung in meditativer Form.

Lassen Sie sich doch einfach mal darauf ein. Ich empfehle Ihnen am Anfang, mit dem Buch vor sich (eventuell auf einem Tisch) zu üben, also in einer bequemen Sitzhaltung. Später, wenn Sie diese Übung schon ein wenig trainiert haben, können Sie auch in der Rückenlage üben.

Übung: Selbstentspannung (S.E.)

- Wählen Sie einen Stuhl mit Lehne.
- Nehmen Sie eine aufrechte Körperhaltung ein. Der Rücken wird angelehnt.

Vorbereitung

Übung: **Muskelrelaxation**

- Legen Sie Ihre Hände zu Fäusten geballt mitten auf die Oberschenkel.
- Drücken Sie mit beiden Füßen zum Boden. Lassen Sie sich Zeit, die aufsteigende Spannung in den Beinen, im Gesäß und im Bauch wahrzunehmen.
- Halten Sie diese Spannung bei ruhiger Atmung.
- Richten Sie den Brustkorb auf – strecken Sie Ihren Rücken.
- Drücken Sie Ihren Rücken fest gegen die Stuhllehne.
- Drücken Sie dann Ihre Fäuste fest gegen die Oberschenkel.
- Bleiben Sie dabei im Oberkörper gerade aufgerichtet und ziehen Sie den Bauch kräftig ein.
- Ziehen Sie ihr Kinn fest zum Hals, ohne den Kopf zu beugen.
- Halten Sie diese Gesamtkörperspannung nun noch für die „bewusste Atemführung" an.

Übung: Tiefatemtechnik

- Durch beide Nasenöffnungen die Luft tief einriechen, dann mit kleiner Mundöffnung auf „Sch" langsam die Luft hörbar entweichen lassen. Wenn Sie nichts mehr hören, haben Sie erst ausgeatmet.
- Atmen Sie insgesamt dreimal auf diese Weise ein und aus.
- Lassen Sie anschließend ganz spontan die Spannung in Ihrem Körper los.
- Atmen Sie dabei ganz erleichtert locker aus und lassen dabei die Schultern sinken. Wenn Sie glauben, dass Ihre Stressmuskulatur (Nacken, Schulter, Lendenwirbelsäule) noch Spannung aufweist, wiederholen Sie die Anspannungsübung noch einmal. Achten Sie verstärkt darauf, die Schultern zu senken.

Übung: Loslassen und Gewicht abgeben

Ihr Körper hat ein Gewicht, das Sie von der Waage kennen. Aber können Sie das auch spüren?

Versuchen Sie Ihr Gewicht bewusst wahrzunehmen und dann loszulassen. Erfahren können Sie das überall dort, wo Ihr Körper aufliegt, zum Beispiel die Hände auf den Oberschenkeln, das Gesäß auf der Sitzfläche, das Gewicht der Beine auf dem Boden.

- Spüren Sie besonders die Schwere Ihrer Schultern und Arme sowie das Gewicht Ihres Rumpfes auf der Sitzfläche.
- Lassen Sie sich ganz bequem, breit und weich in Ihrem Gesäß niedersinken und entspannen die Region um den After herum.
- Lassen Sie sich in Ihrer Mitte los – den Bauch ganz weich nach vorne gehen lassen.

- Entspannen Sie Ihr Gesicht von der Stirnmitte aus – lassen Sie es ganz weich werden.
- Entspannen Sie Ihre Kopfhaut besonders an der höchsten Stelle.
- Entspannen Sie Ihre Schläfen und lassen Sie Ihre Augenwinkel sinken.
- Entspannen Sie Ihre Ohren – lassen Sie sie abwärts sinken (denken Sie an Schlappohren).
- Lassen Sie ein Lächeln in den Augen und um Ihren Mund herum entstehen.
- Breiten Sie dieses Lächeln aus – strahlen Sie es weit nach außen.

Training

Übung: Geistige Einstellung für den Körper

- Unterstützen Sie das Gefühl für die Entspannung in Ihrem Körper nun auch mit Gedanken: „Mein Körper ist vollkommen entspannt, die Muskeln sind erschlafft und ganz locker."
- Wiederholen Sie diese gedankliche Einstellung noch dreimal. Versuchen Sie dabei das Gefühl zu entwickeln, getragen zu werden.

Übung: Geistige Einstellung für eine gute Durchblutung

- Achten Sie auf das feine Prickeln in Ihren Fingerkuppen und in Ihren Zehen. Diese Empfindung lässt Sie wissen, dass nun Ihre Haut sehr gut durchblutet wird, d.h. Ihre Entspannung hat sich bereits vertieft und die Ruhe- und Regenerationsphase breitet sich in Ihrem ganzen Körper aus.

- Unterstützen Sie diese Wahrnehmung nun wieder gedanklich: „Mein Körper ist angenehm warm. Kopf, Herz und Bauch werden gut durchblutet."
- Wiederholen Sie diese Einstellung noch dreimal.

Übung: **Geistige Einstellung für einen gesunden Atemrhythmus**

- Lassen Sie Ihren Atem ganz nach unten in den Bauch rutschen und beobachten Sie die kleinen Bewegungen Ihrer Atemwelle in Ihrer Bauchdecke.
- Dabei begleiten Sie diese Wahrnehmung mit dem folgenden Gedanken: „Der Atem fließt ruhig und gleichmäßig."
- Wiederholen Sie diese Einstellung noch dreimal.

Übung: **Geistige Einstellung für einen gesunden Herzrhythmus**

- Herz- und Atemrhythmus ergänzen einander. Ist der Atem auf Ruhe eingestellt, ist es das Herz auch. Unterstützen Sie diesen Rhythmus gedanklich mit den Worten: „Das Herz schlägt ruhig und regelmäßig – in einem gesunden Rhythmus."
- Wiederholen Sie diese Einstellung noch dreimal.

Übung: **Geistige Einstellung für das Bauchnervengeflecht (Solarplexus)**

- Legen Sie Ihre warmen Hände auf Ihren Bauchnabel. Eine Hand bedeckt den Nabel und mit der anderen bedecken Sie die untere Hand.

- Spüren Sie der angenehmen Wärmestrahlung nach. Ihr Bauch sollte sich nun rundherum warm und gut anfühlen. Unterstützen Sie diese Empfindung gedanklich: „Der Bauch fühlt sich warm und gut an. Das Bauchnervensystem ist vollkommen entspannt."

Übung: **Geistige Einstellung für einen klaren ruhigen Kopf**

- Richten Sie Ihre Aufmerksamkeit auf die Stirnmitte.
- Entspannen Sie Ihre Stirn nach allen Seiten.
- Stellen Sie sich vor, in der Sonne zu sitzen, und helles Sonnenlicht flutet in den Stirnraum und weiter durch den ganzen Kopf.
- Ein Gefühl der Helligkeit ist dabei erwünscht. Gedanklich unterstützen Sie das Geschehen mit den Worten: „Der Kopf ist klar und hell – der Geist ganz ruhig."
- Wiederholen Sie diese Einstellung noch dreimal.

Anschließend lassen Sie die Selbstentspannung ausklingen mit dem alleinigen Gedanken an „Licht". Verankern Sie dieses inhaltsreiche Wort in Ihrem Bewusstsein. Zwischen Stirnmitte und höchstem Punkt Ihres Kopfes finden Sie diesen Platz.

Sie können so lange sitzen oder liegen bleiben, wie Sie sich darauf konzentrieren können. Driften Sie durch aufkommende Gedanken zu oft ab oder versinken Sie in einen zwar schönen, doch eher tranceähnlichen Zustand, dann beenden Sie die Übung. Ihre Konzentrationskraft wird durch zerstreute Gedanken und durch abschweifende Empfindungen eher geschwächt als gefördert.

5

Anti-Stress-Strategie Nr. 3: Innere Zwänge entdecken und überwinden

1. Mit „Köpfchen" verinnerlichte Automatismen steuern

Ob wir Stress-Situationen angemessen verarbeiten und sie irgendwann für beendet erklären, hängt von verinnerlichten Zwängen ab, die wir nicht als solche erkennen.

Diese Zwänge sind uns in Fleisch und Blut übergegangen – wir merken gar nicht mehr, wie sehr sie uns beeinflussen. Die Palette reicht dabei von „perfekt sein wollen" über „sich anstrengen müssen", „es allen recht machen wollen", „schnell und stark sein wollen", „gut genug sein müssen", „stets funktionieren" und „bloß keine Schwäche zeigen wollen".

Wir prüfen nicht mehr, schon gar nicht im Einzelfall, ob wir diese oder jene Aufgabe auch wirklich hundertprozentig erledigen müssen, oder ob wir wirklich nicht zeigen dürfen, dass wir überlastet sind oder warum wir uns immer so abstrampeln.

Wären wir unserer selbst voll bewusst und konzentriert auf das Hier und Jetzt, könnten wir die Macht der verinnerlichten Automatismen mindern. Wir könnten uns viel Stress und Ärger vom Leibe halten, wenn wir die Zwänge erkennen und mit „Köpfchen" darangehen würden.

Die Achtsamkeit, eine uralte und im buddhistischen Kulturkreis geheiligte Disziplin, ist dabei Teil unserer Anti-Stress-Strategie. Achtsam sein heißt, zumindest gelegentlich ein kühler Beobachter der Welt und unserer selbst zu werden. Anders ausgedrückt: Genauer auf die Welt um uns herum schauen und uns unserer eigenen Reaktionen auf diese Welt bewusst werden.

Diese Haltung ermöglicht es uns, die ursächlichen Auslöser der sichtbaren Ereignisse zu erfassen. Damit ist der Weg frei, unseren Antreiber schachmatt zu setzen.

Eine alte Yogi-Weisheit lautet: „Wir können die Wellen nicht aufhalten, aber wir können lernen, auf ihnen zu reiten."

Es steht tatsächlich in unserer Macht, ob wir uns vom Stress überfluten lassen, ob wir glauben, den Wellen nichts entgegensetzen zu können, ihnen hilflos und ausgeliefert zu sein – oder ob wir glauben, die Wellen unter Kontrolle halten zu können.

Das Gefühl der Kontrolle allein wirkt sich auf jeden Fall positiv aus, auch wenn man in Wirklichkeit gar keine Einflussmöglichkeit besitzt. Die meisten Situationen, mit denen wir im Alltag konfrontiert sind, auf die wir mit Stress reagieren, machen uns vor allem psychisch zu schaffen. Streit, Sorgen, schwelende Konflikte am Arbeitsplatz, unangenehme Wortwechsel, Neid, Missgunst, rivalisierendes Verhalten von Kollegen, harte, oft ungerechte Kritik, Vorwürfe, finanzielle Probleme, Trennung vom Partner oder die schwere Krankheit eines Familienmitgliedes – all dies sind tägliche kleine Nadelstiche, die uns meist unmerklich, dafür aber permanent piksen.

Die gestörte chemische Balance aufgrund des bereits chronischen Stresspegels verursacht keine dramatischen Körperreaktionen. Doch unsere Psyche ist bereits als Geisel gefangen. Die Gedanken wirbeln bunt durcheinander, die Konzentration lässt nach und unsere Gefühle spielen verrückt. Die Sorgen funktionieren wie eine Endlos-Tonbandschleife im Kopf, sie versetzen uns in einen Zustand mentaler Anspannung und beeinträchtigen die Konzentrationsfähigkeit. In unseren sozialen Kontakten, ob privat oder am Arbeitsplatz, ist Irritation und Gereiztheit an der Tagesordnung.

Aus dieser emotionalen Geiselhaft können wir uns nur durch Techniken befreien, die auf bewährten Prinzipien der kognitiven Verhaltenstherapie basieren:

- durch eine neue Sichtweise unserer Situation;
- durch die Uminterpretation unseres Problems;
- durch unsere innere Kompetenz: „Das schaffe ich schon."

Ist unser Denken flexibel genug, lassen sich manche beschränkenden Einstellungen ändern. Diese sind nur nicht immer so leicht zu erkennen.

2. Substitutions- und Ablenkungsstrategien

- Ablenkungs-/Substitutionstaktik:

  Wenn das Denken immer wieder um einen ganz bestimmten Stressauslöser kreist, empfiehlt sich eine Ablenkungs- oder Substitutionstaktik. Grübeleien lassen sich durch Konzentration unterbrechen, wenn das Denken auf andere Dinge gelenkt werden kann. Sie sollten zu eher lustbetonten Aktivitäten übergehen: Sport treiben, mit Freunden zum Essen gehen, Tanzen, sich einen Wellness-Abend gönnen etc.

- Reminiszenztechnik:

  Die stress- und erregungsmindernde Wirkung von positiven Erinnerungen, erfreulichen Begegnungen und glücklichen Phasen wird leider viel zu selten genutzt.

  Reminiszenztechnik wird diese Methode genannt. Da jeder Mensch über ein Repertoire solcher Erinnerungen verfügt, könnte durch das Abrufen der inneren Bilder und der entsprechenden Gefühle so manche Stress-Situation entschärft oder sogar überflüssig werden. Wie alles, was dem Unterbewusstsein als Gewohnheit „implantiert" werden soll, muss auch die Fähigkeit, innere Erlebnisse gefühlsverändernd zu nutzen, eine Zeit lang trainiert werden, um die gewünschte Wirkung hervorzurufen.

- Aufschreiben/Sprechen:

  Hilfe in akuten wie in chronischen Stressphasen bringt auch das Aufschreiben oder Sprechen der belastenden Vorgänge und der begleitenden Gefühle und Gedanken.

Praxis-Tipp:

Führen Sie Tagebuch oder suchen Sie die Möglichkeit einer regelmäßigen Aussprache – übrigens auch in Selbstgesprächen.

Das Fixieren und Strukturieren des Problems und dessen konstruktive gedankliche Bearbeitung kann nicht nur den akuten Stresszustand lösen, sondern auch die innere Einstellung zu ähnlichen Situationen langfristig positiv beeinflussen und so negativen Stress gar nicht erst entstehen lassen.

3. Der Krieg findet im Kopf statt

Ob uns die Unordnung der Kinder, das Verhalten der Arbeitskollegen, die Hektik des Straßenverkehrs oder eine Aufgabe, die wir nicht zu unserer Zufriedenheit gelöst haben, überhaupt unter die Haut gehen, hängt immer auch davon ab, welche Bedeutung dieses Ereignis für uns gerade in diesem Moment hat.

Unser Denken bestimmt, wie wir eine alltägliche Situation wahrnehmen und bewerten. Und diese Bewertung wiederum bestimmt, was wir empfinden und wie wir uns verhalten werden.

Viele dieser Bewertungen haben wir erlernt. Sie sind zu Gewohnheiten geworden, über die wir längst nicht mehr nachdenken. Einige, zum Beispiel unsere persönlichen Vorlieben, Abneigungen, Ängste, Hoffnungen und Wünsche, hängen mit unserer Lebensgeschichte zusammen, mit Erfahrungen, die wir irgendwann in unserem Leben gemacht haben. Andere gehören quasi zu den Selbstverständlichkeiten unserer Kultur, zum Beispiel das Leistungsprinzip oder der Mythos von der immer währenden großen Liebe.

Alle tragen sie dazu bei, dass bei manchen Menschen die Stressfalle der inneren Antreiber im Kopf ständig vorhanden ist.

Beispiel:

Sie bekommen einen Anruf: Ihr Chef will Sie dringend in seinem Zimmer sprechen, was bisher noch nie vorgekommen ist. Prompt beginnt Ihre Stressreaktion abzulaufen: Ihre Gedanken überschlagen sich. Sie überlegen verzweifelt, was Sie wohl falsch gemacht haben könnten. Vielleicht will er Ihnen sogar Ihre Entlassung mitteilen.

Ihr Herz klopft, Sie haben ein flaues Gefühl im Magen und feuchte Hände, als Sie vor der Tür Ihres Chefs stehen. Wenn er Sie nun, entgegen allen Ihren Erwartungen und Befürchtungen, freundlich begrüßt und Ihnen sagt, wie sehr er mit Ihrer Arbeit zufrieden ist, werden Sie vermutlich beim nächsten Anruf anders reagieren.

Dass wir Stress erleben, ist also häufig einfach die Folge einer Fehlbewertung der alltäglichen Geschehnisse!

Situation	persönliche Bewertung	Stressreaktion
Erster unerwarteter Anruf des Chefs	„Ich habe etwas falsch gemacht.“ „Er wird mir vielleicht kündigen.“ (Bedrohung des Selbstwertgefühls, Angst, negative Erwartungen)	beunruhigende Gedanken, starkes Herzklopfen, flaues Gefühl im Magen, Schweißausbruch
Nächster Anruf des Chefs	„Ich weiß, dass er mit meiner Arbeit zufrieden ist. Er wird mir etwas Wichtiges mitteilen.“ (Selbstvertrauen, positive Erfahrung der eigenen Leistungsfähigkeit)	keine Stressreaktion

4. Uminterpretieren – analysieren Sie Ihre Stress-Situation

Es wird immer wieder Situationen geben, denen Sie mit den gleichen Denkmustern und Verhaltensweisen begegnen und auf die Sie gestresst reagieren. Wählen Sie nun eine Situation aus, die besonders häufig vorgekommen ist. Lassen Sie sie in Gedanken noch einmal wie einen Film Bild für Bild ablaufen:

- Problematische Situation, Ort, Zeitpunkt:
- Beteiligte Personen:
- Verhalten der anderen:
- Meine Gedanken, Selbstgespräche:
- Meine Gefühle:
- Meine körperlichen Reaktionen:
- Mein Verhalten:
- Nachwirkungen der Situation:

Fragen Sie sich nun: Kann man dies nicht auch ganz anders sehen? Wie wäre es weitergegangen, wenn ich es damals anders gesehen hätte? Stellen Sie sich vor, was Sie tun könnten, um mit dieser Situation künftig besser fertig zu werden.

Entwerfen Sie einen neuen Handlungsplan und versuchen Sie, ihn in die Tat umzusetzen, wenn Sie das nächste Mal vor dieser Situation stehen:

Die Situation, in der ich mich anders verhalten will:

....

Was will ich erreichen?

....

Mein Handlungsplan. Was will ich tun?

....

Welche Gedanken über diese Situation würden andere Reaktionen auslösen?

....

Was erwarte ich für mich davon?

....

Was ist der erste Schritt?

....

Jeder ist seines Stresses Schmied – stellen Sie Ihre inneren Antreiber

Sehr früh lernen wir, was Erwachsene von uns erwarten und wie wir die Anerkennung bekommen, die wir so dringend brauchen. Wer zum Beispiel glaubt, er müsse alles perfekt erledigen und dürfe keine Fehler machen, der hat die elterliche Botschaft verinnerlicht: Du wirst nur dann akzeptiert, wenn deine Noten stimmen.

Unmerklich, aber stetig verfestigen sich diese Glaubenssätze und führen in unserem Leben bald die Regie, ohne dass wir uns ihrer bewusst wären. Auch wenn sie oft tiefe Wurzeln in der Vergangenheit haben, müssen wir herausfinden, welche Antreiber hinter diesen verinnerlichten Zwängen stecken, wenn wir wirklich unseren Stress abbauen wollen. Es gibt viele Spielarten, doch sie lassen sich auf wenige Grundtypen reduzieren:

„Sei stark“: Dieser Antreiber erlaubt keine Schwäche. Probleme und Krisen verlangen danach, dass Sie selbst mit ihnen fertig werden. Hilfen werden weder erbeten noch können sie angenommen werden. Die Angst, vor anderen schwach dazustehen, würde das nicht erlauben.

„Du musst perfekt sein": Dieser Antreiber erwartet keine Fehler, setzt auf Top-Leistung und wertet sich und andere ausschließlich an erbrachter Arbeit. „Gut" ist dabei nicht „gut genug" – Befriedigung, Freude und Lust sind bei diesem Motto selten anzutreffen. Ebenso wie „mal alle Fünfe grade sein zu lassen" oder eine Mußestunde einzulegen – ein unmögliches Ansinnen.

„Mach schnell, beeil dich": Dieser Antreiber wird dafür sorgen, dass die Zeit knapp wird und davonläuft. Ungeduldig werden Gespräche abgehandelt, sozusagen zwischen Tür und Angel erledigt. Termin und Zeitdruck erfordern Schnellschüsse und spontane Aktionen. Das Leben wird bei diesem inneren Antreiber zu einer einzigen Hetzjagd.

„Mach es allen recht": Dieser Antreiber wird ein klares „Nein" verhindern. Die Angst vor unliebsamen Konsequenzen oder vor dem Verlust von Akzeptanz und vor Zurückweisung wird Menschen mit diesem Antreiber veranlassen, mit kleinen Geschenken und Nettigkeiten dafür zu sorgen, dass eine Atmosphäre entsteht, in der man selber nicht übergangen werden kann.

„Streng dich an": Dieser Antreiber wird dafür sorgen, dass keine Verschnaufpausen entstehen können, denn es könnte ja der Eindruck entstehen, nicht genug zu leisten. Menschen mit diesem Antreiber arbeiten oft unermüdlich und kommen doch auf keinen grünen Zweig.

Allen Antreibern gelingt es, dafür zu sorgen, dass unser Stress in einem chronischen Bereich verbleibt und uns irgendwann krank macht. Diesem Stresskreislauf können wir nur entrinnen, wenn wir die Achtsamkeit auf unbewusste Zusammenhänge in unserem Körperleben richten.

Jeder Antreiber hat eine Ursache. Das heißt, er entstand aus vergangenen Erfahrungen, die uns zu einem Bild über uns selbst veranlasst haben, das gewaltige Mängel aufweist und deshalb nach Vollkommenheit strebt. So wird unser Unterbewusstsein mit seiner gewaltigen Antriebskraft dafür sorgen, dass diese mit unangenehmen Gefühlen begleiteten Mängel zugunsten eines besseren befriedigenden Körpergefühls abgestellt werden.

Die Strategien, die zu diesem Zweck vom Verstand entwickelt werden, bilden dann den Antreiber. Ist der Antreiber „erfolgreich", wird er für uns zur unbewussten Gewohnheit und schließlich ein Teil unseres Charakters.

5. Setzen Sie Ihre Antreiber schachmatt

Alle Antreiber bilden enorme Barrieren auf dem Weg zu mehr Gelassenheit, wir können aber dafür sorgen, dass ihrer Macht in unserem Leben ein Ende gesetzt wird.

Dazu müssen wir sie im Ansatz bereits erkennen und dann den Weg des „Nicht-Tuns" einschlagen. Das Nicht-Tun ist eine buddhistische Übung, mit der man sich aus den gedanklichen Zwängen befreit.

Übung: „Nicht-Tun"

„Ich muss immer perfekt sein", kann umgewandelt werden in „Ich muss nicht immer perfekt sein" – Fehler gehören zum Leben. Ich kann gar nicht immer perfekt sein, denn nur aus Fehlern kann ich lernen.

Jedem dieser Antreiber liegt ein Quäntchen Angst zugrunde, die außer Kraft gesetzt werden kann, wenn wir dem Antreiber mit Gegenargumenten begegnen.

Wer es immer allen recht machen will, wird unschwer erkennen, dass dies unmöglich ist. Wer sich dabei erwischt, positive Gefühle auf diesem Weg erreichen zu wollen, sollte seine Angst vor eventuellen Zurückweisungen ebenfalls mit einer Entkräftigung des Antreibers überwinden: „Ich muss es nicht immer allen recht machen, weil jeder anders denkt und anders fühlt. Es wird immer einen Unzufriedenen geben."

Es ist immer wichtig, dass wir uns Schwächen und Fehler erlauben und eingestehen und dann lernen, uns richtig einzuschätzen, denn oft meinen wir, mehr schaffen zu können, als wir in Wirklichkeit imstande sind.

6. Integration und Heilung der Antreiber

Als wir Kinder und Jugendliche waren, wurde uns erzählt, es gäbe zwei Sorten von Menschen: gute und schlechte.

Wie die meisten Menschen sind wir damit beschäftigt, unsere guten Eigenschaften zur Geltung zu bringen, die schlechten aber zu verstecken. Alles, was in den Augen anderer unakzeptabel ist, wird versucht abzustoßen, und je älter wir werden, umso mehr Menschen treten mit all ihren Meinungen in unser Leben, wie das Leben ganz allgemein richtig zu leben wäre. Allzu früh kommen wir zu dem Schluss, dass es auf jeden Fall besser ist, diese unerfreuliche Seite in uns selbst möglichst tief zu vergraben, damit kein Ärger entsteht.

Zwangsläufig bedeutet das, lügen zu müssen: Zunächst belügen wir andere, später mit immer größerem Erfolg auch uns selbst. Die Angst, sich selbst nicht zu genügen, diese Angst, die allen Antreibern zugrunde liegt, hält uns gefangen.

„Du musst" und „sei nicht" ist auch heute noch für viele Menschen der Stressangelpunkt Nummer eins. Was wir nicht wissen, ist, dass wir aufgrund des Bestrebens, nur gut zu sein, neben den schlechten Eigenschaften auch ihre positiven Gegenpole außer Kraft setzen.

Die Person, die Spiegelbild unserer inneren Antreiber ist, und die wir vorgeben zu sein, ist schlichtweg eine Lüge. So belügen wir uns auch selbst hinsichtlich dessen, was wir tatsächlich zu leisten fähig sind, und berauben uns auf diese Weise vieler Lebenserfolge.

Wir haben jeden Charakterzug und seinen Gegenpol in uns, jede menschliche Emotion und jeden Impuls. Uns fehlt es an nichts, auch unsere Gesellschaft nährt die Illusion, dass nur jene Menschen den ganzen Lohn davontragen, die vollkommen sind. Aber viele von uns stellen irgendwann einmal fest, dass das Bemühen um Vollkommenheit teuer ist.

Die Konsequenzen des Versuchs, eine „perfekte" Person zu schaffen, können uns physisch, emotional, mental und spirituell regelrecht erledigen.

Wenn Sie sich Ihre Antreiber noch einmal gründlich ansehen, dann werden Sie, wenn Sie es sich erlauben, auch die positive Eigenschaft in ihnen entdecken, die diese nicht nur außer Kraft setzt, sondern Ihnen auch hilft, diese Antreiber zu integrieren und damit, sie auch zu heilen.

Im Schlechten steckt das Gute, im Dunkel das Licht, im Schwachen das Starke, im Unehrlichsein das Ehrliche. Glauben Sie, stark sein zu müssen, dann ist es Ihre Schwäche, die Sie dazu antreibt, Stärke nicht nur zu zeigen, sondern diese auch wirklich zu erwerben. Werden Sie von Ängsten beherrscht, die Ihnen glauben machen, zum Beispiel nicht gut genug zu sein, so entdecken Sie die Leistungsfähigkeit darin und die Genugtuung, wenn Sie etwas erreicht haben. Entdecken Sie den Fleiß darin, sich kompetent zu machen und Wissen zu erwerben, wenn Sie glauben, nicht perfekt zu sein. Entdecken Sie Ihre intuitiven, spontanen Reaktionen darin, die Ihre Flexibilität auszeichnet, wenn Sie der Meinung sind, nicht schnell genug zu sein. Entdecken Sie in Ihrem Chaos die Ordnung, die Ihnen hilft, sich überall zurechtzufinden. Entdecken Sie in Ihrer Beleibtheit den gefühlvollen Menschen, den Sie sich nicht erlauben zu sein. Entdecken Sie in Ihrer Faulheit die Freiheit, die Sie sich nicht erlauben zu leben. Entdecken Sie in Ihrem Geiz die Vorsorge und Planung fürs Alter.

Diese Reihe lässt sich beliebig fortsetzen. Entdecken Sie in Ihren Schwächen – die Geschenke, die Ihnen Freiheit garantieren. Wenn Sie sich in einer bestimmten Weise verhalten müssen, um so zu sein, wie uns andere haben wollen, dann sitzen Sie in der Falle.

Die Welt ist unser Spiegel

Wir projizieren unsere Schwächen auf andere. Unsere Entrüstung über das Verhalten eines anderen Menschen betrifft im Allgemeinen einen ungelösten Aspekt von uns selbst.

Aspekte, die aus unserem Bewusstsein verbannt sind, haben einen besonders starken Einfluss auf unsere gegenwärtige Realität. Sie führen ein Eigenleben und versuchen immer, unsere Aufmerksamkeit zu erringen, um akzeptiert und integriert zu werden. Ken Wilber sagt dazu: „Auf der Egoebene kann man Projektion ganz leicht identifizieren: Werden wir durch Situationen und Personen informiert, dann projizieren wir vermutlich nicht, wenn diese uns hingegen affiziert, das heißt negative Emotionen in uns weckt, dann sind wir ein Opfer unserer eigenen Projektion."

Im Klartext heißt das: Alles, was uns an anderen missfällt, haben wir als ähnliches Verhalten tief in unserem Bewusstsein vergraben. Die meisten Menschen können zum Beispiel aggressives oder arrogantes Verhalten nicht ausstehen, folglich affiziert uns dieses Verhalten.

Fragen Sie sich, was Sie emotional angreift, und sehen Sie dann darin einen Katalysator für Kreativität und Wachstum in Ihrem Leben.

Eine ganz einfache Übung ist, sich nicht zurückzuhalten mit Kritik, Bewertung und Beurteilung anderer, und dann wenden Sie das

Gleiche auf sich selbst an. Vermutlich werden Sie das Ganze unmöglich finden, getreu dem Motto: „Das kann ja gar nicht sein, dass ich von diesem ungehobelten Flegel etwas in mir haben sollte!" Und doch ist es so: Wenn wir andere verurteilen, verurteilen wir uns selbst. Alles was wir tun und sagen, ist kein Zufall, es wird geboren aus dem, was wir in uns tragen.

Wir können nur das an anderen beurteilen, was wir *in* uns selbst *von* uns selbst glauben. Das ist schwer zu verstehen und zu akzeptieren, aber dennoch wahr: Wir begegnen immer uns selbst.

Träume und Ziele in die Tat umsetzen

Wir projizieren unser Genie, unser Können, unsere Kreativität und auch unseren Erfolg – also unsere positiven Eigenschaften ebenso wie unsere negativen – auf andere.

Wenn wir von großartigen Menschen angezogen werden, dann deshalb, weil wir die Fähigkeiten in uns tragen, so zu sein. Der Unterschied zu diesen Menschen besteht darin, dass unsere Idole die Qualitäten und Eigenschaften, die wir ersehnen, ausleben.

Diejenigen, die ihre Träume und Ziele in die Tat umsetzen, wird es nicht so sehr interessieren, was andere tun.

Es ist so leicht gesagt, wir sollten zum Helden unseres eigenen Lebens werden, aber es ist unumgänglich, dass wir uns die Fähigkeiten, die wir in andere investiert haben, zurückholen.

Solange wir die Existenz gewisser Charakterzüge in uns verleugnen, spinnen wir den Mythos weiter, dass andere Menschen etwas haben, was wir nicht besitzen. Bewundern wir jemanden, ist das eine Gelegenheit, diese Eigenschaft auch in uns zu entdecken.

Es gilt also um unserer Ganzheit willen, alle Projektionen auf andere wieder zurückzuholen, negative wie positive.

Die folgenden Übungen können Ihnen dabei helfen:

Übung: **Beschreiben Sie Ihr Selbstbild. Wie sehen Sie sich?**

- Welche Schwächen glauben Sie zu haben (zum Beispiel Inkonsequenz oder Unehrlichkeit)?
- Welche Stärken glauben Sie zu besitzen (zum Beispiel einen starken Willen, oder die Wahrheit sagen zu können)?

Denken Sie daran: In den Schwächen stecken die Stärken und umgekehrt. Fällt Ihnen dabei etwas auf? Grundüberzeugungen, die unser Leben beherrschen, lauten wie folgt oder ähnlich:

- „Ich kann das nicht"
- „Ich habe kein Glück"
- „Das kann ja nicht gut gehen"

In der Regel handelt es sich um ererbte Familienüberzeugungen, die Sie ab jetzt in Frage stellen sollten. In Ihnen steckt ungelebtes Leben, welches sich vornehmlich in Ihren Problemen und Konflikten austobt. Verantwortung übernehmen heißt, zu sich selbst sagen zu können:

- „Ich habe das getan"
- „Das gehört zu mir"
- „Das bin ich"

Es ist ein riesiger Unterschied, ob wir darauf fixiert sind, was die Welt uns antut oder ob wir sehen, was wir uns selbst antun.

Wenn Sie die Verantwortung für die Ereignisse und Erfahrungen in Ihrem Leben und für deren Interpretation übernehmen, dann treten wir aus der Welt des Kindes in die Welt des Erwachsenen. Aus der Frage: „Warum passiert mir das?", wird die Frage: „Welche Möglichkeit zu lernen steckt für mich darin und welche Chance, alte Grundüberzeugungen über Bord zu werfen?".

Übung: Welche Urteile fällen Sie?

Beobachten Sie eine Woche lang Ihre Urteile über andere Menschen. Stößt Sie das Verhalten eines anderen Menschen ab, schreiben Sie auf, welche Eigenschaft es ist, die Sie stört. Schreiben Sie Ihre Ansichten über die Menschen auf, die Ihr Leben begleiten, privat wie beruflich.

Übung: Welche Ratschläge geben Sie?

Schreiben Sie auf, was Sie anderen sagen, wenn diese in der Klemme sind. Was raten Sie anderen zu tun, damit diese ihr Leben verbessern? Überlegen Sie, ob der Rat, den Sie anderen geben, nicht genau der ist, den Sie selbst beachten müssten.

Übung: Verborgene Aspekte aufspüren

Wählen Sie jeweils drei Menschen aus, deren Eigenschaften sie ablehnen bzw. deren Eigenschaften sie bewundern. Listen Sie diese Eigenschaften auf und betrachten Sie jede sorgfältig, bleiben Sie aber nicht zu lange an einem einzelnen Wort hängen.

Um verborgene Aspekte aufzuspüren, ist es wichtig, die einzelnen Eigenschaften sehr genau zu untersuchen, bis Sie ein spezifisches Wort finden, auf das Sie negativ empfindend reagieren. Die emotionale Ladung dieser Eigenschaft enthält dann das Potenzial der Wandlung ins Positive.

Denken Sie daran: Jeder der aufgespürten Aspekte enthält wertvolle Ressourcen für Ihr Leben.

Anti-Stress-Strategie Nr. 4: Coping – an Herausforderungen wachsen

6

1. „Was uns nicht umbringt, macht uns nur stärker"

Irgendwann stößt auch uns etwas zu, das unser Leben verändert. Lebenskrisen sind Zeiten der Wahrheit.

Im Ausnahmezustand reagieren wir spontan, ohne den kontrollierenden Verstand, sozusagen aus dem Bauch heraus. Die Masken des Alltags fallen ab, wir sind plötzlich nackt und verwundbar. Dann zeigt sich, aus welchem Holz wir geschnitzt sind und ob Nietzsches geflügeltes Wort auf uns zutrifft: „Was uns nicht umbringt, macht uns nur stärker."

Eine Fülle von Beispielen zeigt, wie wir selbst extreme Schicksalsschläge psychisch überstehen können, denn selbst in der prekärsten und aussichtslosesten Lage sind wir tatsächlich nicht passive Opfer des Geschehens.

Es ist möglich, dem Leben auch nach schwersten Prüfungen einen neuen Sinn abzugewinnen, wieder zufrieden, vielleicht sogar glücklich zu sein.

Ob wir dies schaffen oder zerbrechen, hängt vom Funktionieren einiger kognitiver und emotionaler Mechanismen ab. Diese müssen vor allem eines leisten: Werte, Lebensziele und Einstellungen neu zu ordnen. Wir müssen unser Selbst- und Weltbild gründlich überdenken, damit wir weiterleben können.

All das, was das vermeintlich Unerträgliche erträglich macht, fasst die neuere Bewältigungspsychologie unter dem Begriff „Coping" zusammen. Jeder von uns kann lernen, eine bestimmte Haltung in einer Krise zu bewahren, das Glück im Unglück zu finden, das Beste aus einer Lebenslage zu machen und nicht die Opferrolle zu ertragen.

2. Wann ist welche Copingstrategie am sinnvollsten?

Mehr oder weniger verfügt jeder Mensch über taugliche Copingstrategien, die er in Krisenzeiten fast automatisch einsetzt.

- Abtauchen – den Kopf in den Sand stecken
- Ein Problem „beherzt" angehen – Probleme erst gar nicht entstehen lassen
- Von einem Problem erzählen – Erlebtes als Geschichte weitererzählen
- Das Erlebte aufschreiben – zum Beispiel in einem Krisentagebuch die mentalen und emotionalen Reaktionen während des Erlebnisses rekonstruieren.

Was ging in mir vor? Was habe ich gedacht und gefühlt, als mir das passierte? Welchem inneren Handlungszwang habe ich nachgegeben?

Das Erlebte aufschreiben oder sich selbst oder anderen zu erzählen, ist der Versuch, Erlebnisse zu analysieren und anders einzuordnen. Auch dadurch, dass wir sie mit anderen Erfahrungen vergleichen, kann der Sinn dieser Erfahrungen ergründet werden. Auch die Erfahrungen anderer Menschen in den Vergleich mit einzubeziehen, kann hilfreich sein.

Wenn wir nicht so recht wissen, wie gut oder wie schlecht wir dran sind, ob wir uns eigentlich gut oder eher mies fühlen, dann vergleichen wir uns vorzugsweise mit Menschen, denen es scheinbar besser als uns geht. Wir wählen aus, was uns erreichbar scheint, wenn wir uns nur ein bisschen anstrengen.

Die Copingstrategie des „Sich-nach-unten-Vergleichens", stärkt unser Selbstwertgefühl wieder und macht uns handlungsfähiger:

„Es hätte ja noch viel schlimmer kommen können, andere sind viel schlechter dran."

Das gute Gefühl, dass es uns weit besser geht, liefern uns die Medien. In ihnen gilt das Gesetz, dass schlechte Nachrichten gute Nachrichten sind – so erfahren wir permanent vom Unglück anderer. Aufwärtsvergleiche mobilisieren eher den Ehrgeiz, während Abwärtsvergleiche eher trösten und uns mit dem Schicksal versöhnen.

3. Emotionale Intelligenz

Emotionale Intelligenz, die das Herzdenken mit einbezieht, ist die Basis gelingender Lösungen.

Schlechte Zeiten sind vor allem emotional aufwühlende Zeiten. Von heftigen Gefühlen gebeutelt, denken wir an alles andere als daran, ein bestimmtes Problem jetzt strategisch lösen zu müssen. Wir kämpfen mit Angst und Verzweiflung, Wut und Aggression, Trauer und Depression. Weil diese Gefühle weh tun, wollen wir sie so schnell wie möglich in der Griff kriegen. Möglichst schnell versuchen wir, sie als hinderliche Störfaktoren zu überwinden.

Leider sind die meisten Menschen immer noch der Überzeugung, dass wir zu keiner vernünftigen Handlung mehr fähig sind, wenn uns unsere Gefühle überwältigen.

Langsam kommen wir dahinter, was in alten Lehren schon immer behauptet wurde: Emotionen sind keine lästigen Begleiterscheinungen von Problemen, sondern sie liefern uns wertvolle Informationen und Lösungshinweise.

Allerdings müssen wir dieser Informationsquelle erst wieder vertrauen, bevor wir sie nutzen können. Gefühle setzen Signale, wenn etwas „nicht mit uns stimmt". Sie sind der klarste Blick einer Realität, der wir uns stellen müssen, auch wenn dieser Blick in den Spiegel unangenehm ist. Wirkungsvolles Coping bedeutet, die eigenen Gefühle deutlich zu erkennen lernen, ihren ursächlichen Sinn zu verstehen, sie angemessen auszudrücken und zu regulieren.

Mit Gefühlen umzugehen erfordert Achtsamkeit

Was genau kann ich wahrnehmen? Was geht in mir vor? Welche Bewertung, welche Gedanken stecken hinter dieser Emotion? Dieser Bewusstseinsarbeit stellen sich nur wenige Menschen. Es ist ja auch sehr viel leichter, schlechte Gefühle schnell zu verdrängen, beispielsweise durch Aktionismus, oder indem wir wie paralysiert über ihnen brüten.

Gefühle weisen den Weg zum Sinn. Ist der Sinn erkannt, können Emotionen transformiert werden, d.h. aus depressiver Verzweiflung kann auch Hoffnung geschöpft werden. In der Fähigkeit, aus Schicksalsschlägen zu lernen und daraus stärker und klüger hervorzugehen, erweist sich die emotionale Intelligenz, die das Herzdenken steuernd einsetzt, als Schlüsselfähigkeit.

Gefährliche Gefühlsaufwallungen entschärfen

Gefühle beeinflussen das Denken und umgekehrt.

Negative Stressgefühle, die sich im Körper als Ärger, Zorn oder Aggression äußern, können uns regelrecht überwältigen und verleiten uns nicht selten zu unüberlegten und selbstschädigenden Reaktionen. Wir können regelrecht ausflippen, wenn wir uns gekränkt fühlen oder glauben, Ungerechtigkeit nicht ertragen zu können. Rücksichtslose Verkehrsteilnehmer können uns maßlos aufregen, Streit mit dem Partner kann uns zu bösen Worten und kopflosem Handeln reizen, das wir oft bitter bereuen.

Ungebremste Gefühle überfluten den Körper mit Stresshormonen, lösen emotionales Verhalten aus, wir tappen in die Stressfalle, die den Keim für neuen Stress bereits enthält.

Manche Menschen fühlen sich erleichtert, wenn sie ihre Meinung noch mal kräftig auf den Tisch gehauen haben, d.h. ihrer Aggressivität freien Lauf gelassen haben. Der Wütende brüllt und tobt, weil er sich nach diesem Ausbruch besser fühlt. Der Zynische führt seine Schlacht mit Worten und fühlt sich gut bei Treffern. Der Sture schweigt und sonnt sich im Glanz der Aufmerksamkeit. Der Handgreifliche schlägt zu, weil sich dadurch seine eigene Spannung löst.

Aber fühlt man sich danach wirklich besser?

Wer sich besser fühlt, dem muss es nicht besser gehen. Auch der Trinker fühlt sich besser nach dem Griff zur Flasche. Ebenso der Drogensüchtige, nachdem er sich einen Schuss gesetzt hat. Selbst wenn der Aggression freier Lauf gelassen wurde, so wird das Gefühl augenblicklicher Erleichterung durch ein ganzes Bündel negativer Folgen mehr als relativiert:

- Erstens müssen Sie für die „Lustlösung" mit anwachsender Aggressivität bezahlen: Die Probleme bleiben.
- Zweitens bleibt oft ein bitterer Nachgeschmack. Zwar hat man mal so richtig auf die Pauke gehauen, doch später tauchen oft Schuldgefühle auf und schmälern den vorausgegangenen „Genuss".
- Drittens ist das „Sich-gehen-lassen" eine rein egoistische Lösung. Das Verhältnis zu Mitarbeitern und zum Partner wird weiter belastet und manchmal sogar unwiderruflich zerrüttet.
- Viertens ist es eine unmoralische Lösung. Die Abreaktion wurde zu einem Vergeltungsschlag. „Rache" fordert immer noch die meisten Opfer auf dieser Welt.
- Fünftens schaden wir uns immer selbst. Jede Abreaktion führt zu einer Art seelischer Selbstvergiftung. Immer bleibt

in der Hand, die Rosen schenkt, ein wenig Duft zurück. Immer bleibt auch eine Spur Gift in der Hand zurück, die Hass sät.

- Sechstens schafft man sich Feinde. Nur Menschen mit sehr wenig Lebenserfahrung, wie etwa Kindern, ist dies egal.
- Siebtens gibt es immer einen besseren Weg, auf dem unser Ziel erreicht werden kann. Beispielsweise ein Verhalten, das gefährliche Gefühlsaufwallungen entschärft, und nach denen man sich bedeutend besser fühlen kann – ohne die Reue, die den Teufelskreis nur wieder in Gang setzen würde.

4. Ihr persönliches Selbststeuerungsprogramm

Programme dieser Art basieren auf einer Reihe von mentalen Schritten, die eine kritische Prüfung der Stress-Situation und einen Ausstieg aus der Eskalationsspirale ermöglichen.

Wichtig ist dabei die Selbstbeobachtung, die einsetzen sollte, sobald der Ärger aufsteigt und wir die ersten Stress-Symptome spüren.

- In einem Selbstgespräch sollten wir uns darüber klar werden, was wir fühlen. Das heißt aber auch, dass die Empfindungen nicht sofort und blind unterdrückt werden sollen. Emotionen sind genauso wichtig wie Verstand und Intelligenz, wahrscheinlich sogar noch wichtiger, wenn wir unser Glück und unsere innere Berufung als Maßstab nehmen.
- Es kommt vor allem darauf an, die Ursachen des Ärgers ins Zentrum der Aufmerksamkeit zu rücken:
  - Welches Gedankenprogramm spulen wir immer wieder automatisch ab?

   - Wie schätze ich meine Möglichkeiten zur Bewältigung der Situation ein?
   - Liege ich überhaupt richtig in der Einschätzung der Situation?
   - Reagiere ich angemessen, d.h. vor allem nicht selbstschädigend?
   - Kann ich die Stressreaktion d.h. den Energieschub, den mir der aufsteigende Ärger verleiht, positiv nutzen?

- Nach dieser kognitiven Prüfung gilt das Augenmerk vor allem den Handlungsalternativen: Was kann ich tun, wenn ich mich zu Recht ärgere, aber nicht Opfer der eigenen Aufregung werden will?

Konstruktive Lösungen findet man in nicht-aggressiven Strategien. Eine gesunde Selbstbehauptung besteht darin, dem Stressauslöser bestimmt, aber nicht ausfallend zu begegnen. Auf diese Weise wird dem Gegenüber auch ermöglicht, einen Fehler ohne Gesichtsverlust zu korrigieren.

Lao-tse, der weise chinesische Gelehrte, erkannte schon vor über zwei Jahrtausenden: „Lass den Zorn, die stürmische Erregung, alles Ungestüm hat keine Dauer."

Sollten aber alle Fragen zur Einschätzung der Stress-Situation ergeben, dass Sie sich dennoch über das vernünftige Maß hinaus aufregen, dann ist es hilfreich, einen kritischen Dialog mit sich selbst zu beginnen, d.h. Sie können beschließen, aus der Situation auszusteigen.

Arbeitsblatt zum Ändern von zwanghaften Gedankenprogrammen

Das nachfolgende Arbeitsblatt hat sich besonders bewährt, wenn Sie Ihre Emotionen besser kontrollieren wollen.

Praxis-Tipp:

Die nachfolgende Transformationstechnik hilft Ihnen, aus zwanghaft gewordenen Gedankenmustern auszusteigen.

Wenden Sie dabei Entspannungstechniken an. Besonders geeignet, da schnell beruhigend, die Atementspannung mit der Tiefatemtechnik, aber auch die SE-Technik als Variante des autogenen Trainings (siehe S. 105 ff.) Wenn es Ihre Zeit erlaubt, sollten Sie kurz meditieren (siehe S. 147 ff.)

Das Entscheidende an diesen Techniken ist die Distanzierung vom Reiz-Reaktions-Mechanismus, d.h. die Distanzierung von sich selbst. „Übung macht den Meister", heißt es im Volksmund – dies trifft auch auf Atementspannung, SE-Technik und Meditation zu. Unser Körper reagiert nur nach eingefahrenen Mustern, ein neues muss deshalb eingefahren werden. Mit Geduld und Beharrlichkeit erreichen Sie Ihr Ziel.

Beispiel:

- Regel: „Ich muss immer alles kontrollieren."

- Katastrophenerwartungen: „Was passiert, wenn ich nicht so bin/wenn ich es nicht tue?"

- Erste Transformation: „Ich muss nicht immer alles kontrollieren, bei manchen Dingen kann ich auch vertrauen."

- Zweite Transformation: „Ich kann gar nicht immer (alles kontrollieren), zum Beispiel wenn ich schlafe oder anderweitig beschäftigt bin."

- Dritte Transformation: „Ich kann Kontrolle ausüben, zum Beispiel bei Arbeiten, die Kontrolle erfordern."

  ....

- Wenn es die Situation absolut erfordert, zum Beispiel, wenn Gefahr droht für Leib und Leben, kann ich perfekt sein – der Verstand wird mit einbezogen.

  ....

5. „Wahrhaft siegt, wer nicht kämpft" (Sun Tsu)

Sie erreichen viele Dinge in Ihrem Leben leichter, wenn Sie lernen, lockerzulassen, Ihren Ehrgeiz zügeln und einen gesunden Fatalismus praktizieren. „Das ist leichter gesagt als getan, das ist schließlich mein Naturell und bisher hat ja auch alles geklappt", werden Sie jetzt vielleicht denken. Doch eins fest steht: Wer sich darin verschließt, ständig alles selbst machen zu müssen, sich um alle Details kümmert und für den Delegation ein Fremdwort ist, vergeudet nicht nur wertvolle Stress-Lebensenergie, sondern auch Zeit.

Für Menschen dieses Führungsstiles kann es geradezu eine Qual sein, wenn sie zum Beispiel durch Krankheit gezwungen werden, sich zurückzuziehen und darauf zu vertrauen, dass vieles sich von selbst erledigt oder wieder ins Lot kommt. Alles kontrollieren zu wollen, erzeugt immensen schädigenden Stress und so ist die schwerste Übung für alle Ehrgeizigen und Erfolgssüchtigen, auf Kontrolle dort zu verzichten, wo Vertrauen angebracht wäre. Erfolg stellt sich nachweislich dann ein, wenn man bereit ist, den Standpunkt von anderen zu beachten, sich auf ihren Rat und ihr Engagement zu verlassen, ihnen zu vertrauen.

Praxis-Tipp:

Versuchen Sie, auf Kontrolle zu verzichten. Sie können nicht alles kontrollieren – etwa die Motive und die Leistung Ihrer Mitarbeiter oder Kollegen. Deren Verhalten hängt nicht von Ihrer Kontrolle ab.

Versuchen Sie sich selbst mal in einem so genannten „kybernetischen Gespräch" zu trainieren. Hören Sie dazu genau und schweigend ihrem Gesprächspartner zu. Geben Sie dann dessen Meinung zusammenfassend wieder, bis er Ihnen bestätigt: „Ja, genau so habe ich es gemeint. Ich fühle mich verstanden."

6. Die positive Handlungssprache: Setzen Sie Ihre emotionale Intelligenz ein

Die positive Handlungssprache setzt Einfühlungsvermögen (Empathie) als Grundeinstellung voraus.

Es geht im Wesentlichen darum, Bitten oder Forderungen eindeutig zu formulieren, also klarzustellen, was wir wollen, und nicht, was wir nicht wollen. Mit vier Grundfragen fühlen Sie sich in Ihr Gegenüber ein und zeigen ihm, dass Ihnen sein Wohlergehen und auch Ihr eigenes am Herzen liegt:

- Was kann ich beobachten? (äußeres Verhalten)
- Was empfindet mein Gegenüber? (Ärger, Wut, Frust etc.)
- Welches Bedürfnis steckt hinter diesen Gefühlen? (zum Beispiel Akzeptanz)
- Was will mein Gegenüber wirklich? (zum Beispiel ohne Vorurteil angehört werden)

Diese Methode setzt bei den Gefühlen an, bietet also die Möglichkeit einer Lösung, die auf der tieferen emotionalen Ebene angesiedelt ist.

Sie kann deshalb Missverständnisse vermeiden helfen. Außerdem bietet diese Methode die Möglichkeit, zu lernen, wie Gefühle im Umgang mit anderen ausgedrückt und eingesetzt werden können, um etwa Unterstützung oder Verständnis zu erhalten.

Machen Sie doch einmal den Versuch, mit der Sprache der Gefühle und dem reichen Vokabular der Emotionen zu kommunizieren. Antworten Sie nicht gleich mit einer Schuldzuweisung, sondern betonen Sie Ihre Ich-Botschaft, sagen Sie zum Beispiel nicht: „Sie haben die Sache nicht richtig angepackt", sondern: „Ich bin enttäuscht, dass die Sache nicht geklappt hat." Versuchen Sie die Sichtweise Ihres Gegenübers zu verstehen und behandeln Sie ihn und seine Gefühle mit Respekt, denn auch er will nicht verletzt werden. Jedem Konflikt liegen nicht akzeptierte Gefühle zugrunde. Akzeptieren Sie diese und auf Ihrem Kriegsschauplatz entsteht Frieden.

Praxis-Tipp:

Mehr Gesprächserfolge durch Empathie

- Nehmen Sie sich Zeit.
- Öffnen Sie Ihre Ohren für unterschwellige Aussagen.
- Hören Sie aktiv zu und sehen Sie mit mildem Herzen.
- Stellen Sie emotionale Übereinstimmung her.
- Signalisieren Sie Verständnis für die Gefühle.

Anti-Stress-Strategie Nr. 5: Mit Konzentration zur Meisterschaft

7

1. Lernen heißt Üben

Wir bewundern Künstler oder Spitzensportler und wir verlassen uns darauf, dass einige Menschen ihr Handwerk perfekt beherrschen. Zum Beispiel der Chirurg, der uns operiert, der Pilot, der unsere Urlaubsmaschine sicher landet, der Mechaniker, der sofort weiß, was unserem Auto fehlt, oder der Redner, der souverän und gelassen vorträgt.

Wünschen wir uns nicht auch manchmal, uns in vielen Dingen verbessern zu wollen, sind aber über gelegentliche Versuche nicht hinausgekommen. An guten Vorsätzen hat es uns nie gemangelt – wir haben sie immer wieder gefasst, zum Beispiel, wenn wir im Urlaub mal wieder nur die Speisekarte lesen konnten, unser Golfspiel zu wünschen übrig ließ, uns im Umgang mit dem Computer viele Funktionen immer noch Rätsel aufgeben, oder wir in künstlerischen Versuchen immer nur Anfänger geblieben sind.

Wann immer wir etwas lernen, eine fremde Sprache, eine neue Technik, eine neue Sportart, ein Handwerk, oder auch Methoden wie Entspannungstechniken oder die Meditation, zunächst sind wir nur Anfänger. Es hängt natürlich von unseren Zielen ab, ob wir die Grenze zwischen Hobby und Meisterschaft, zwischen Dilettantismus und Können, zwischen Routine und Spitzenleistung, überhaupt überschreiten wollen.

Die meisten von uns bleiben weit zurück hinter dem, was sie tatsächlich leisten könnten. Viele trösten sich mit dem Spruch: „Es kann ja nicht jeder Spitze sein."

Wir übersehen aber dabei, dass das Bewusstsein, in irgendeiner Disziplin besser zu sein als andere, eine der wichtigsten Quellen für Selbstsicherheit, Achtung und Lebensglück ist.

Etwas Neues zu lernen, bedeutet Üben, Üben und nochmals Üben, denn es müssen eingeschliffene Denk- und Verhaltensmuster durch neue ersetzt werden. Nach und nach rutscht durch unser ständiges Wiederholen die neue Gewohnheit unter unsere Bewusstseinsschwelle. So entsteht im Zentralnervensystem ein Reflexbogen, der uns automatisch handeln lässt.

2. Freude an der Routine

Nicht jeder wird sie gewinnen und doch unterscheidet gerade die Lust an der Sache den Könner vom Dilettanten:

- Lust an der Wiederholung: der Routine etwas abgewinnen. Die Vorstufe zur Meisterschaft kann nur erreicht werden, wenn wir uns über selbst minimale Fortschritte freuen können.
- Offen sein für Neues: sich in Bescheidenheit üben. Manchmal glaubt man schon, alles zu wissen, und muss doch scheinbar wieder von vorne anfangen.
- Grenzen erkennen und sie überschreiten – über sich selbst hinauswachsen. Aus neu gewonnener Selbstsicherheit wird es leichter, auf dem schmalen Grat zwischen Risikobereitschaft und Selbstüberschätzung zu balancieren.
- Schwächen und Stärken klar erkennen. Stärken wollen mit aller Kraft eingesetzt werden – es kostet zu viel Energie, ständig Schwächen auszubügeln.
- Vor sich selbst Rechenschaft ablegen: von Zeit zu Zeit eine kritische Bestandsaufnahme vornehmen. Bei dieser Analyse helfen nicht nur Protokolle, sondern auch lange Spaziergänge, auf denen der bereits zurückgelegte Weg betrachtet werden kann.
- Fehler sind Chancen: Nur durch Reibung entsteht Feuer. Negative Ereignisse nicht ausblenden, sondern analysieren und aus ihnen lernen.

3. Der Glaube an die eigenen Fähigkeiten: Entwickeln Sie Selbstwirksamkeit

Selbstwirksamkeit ist das Vertrauen in die eigene Leistungsfähigkeit und die Überzeugung, einer Sache gewachsen zu sein.

Dieses Selbst-Vertrauen bildet dann auch den Schutzschild gegen schädigenden Stress. Dabei hat sich in der Realität wie auch in Experimenten herausgestellt, dass selbst tatsächlich vorhandene Fähigkeiten nicht so wichtig sind wie der Glaube, sie zu besitzen.

Selbstvertrauen kann selbst mittelmäßig Begabte zu Spitzenleistungen befähigen, während gut ausgebildete, hoch Talentierte häufig versagen, weil sie an sich zweifeln. Selbst Hindernisse auf dem Weg zum Erfolg wirken bei Menschen, die über ein starkes Selbstvertrauen verfügen, eher anspornend.

Wer sich selbst für komplett hält, denkt, fühlt und handelt anders als an sich selbst zweifelnde Menschen. Selbstwirksamkeit, diese so wichtige Fähigkeit, sicher zu sein und an sich selbst zu glauben, kann sich besonders gut entwickeln, wenn wir Gelegenheit zu Erfolgserlebnissen erhalten.

Eigene Leistungen nicht nach Fehlern abzuqualifizieren, sondern emotional und kognitiv als „erfolgreich" zu interpretieren, macht ein Umdenken erforderlich (siehe Anti-Stress-Strategie Nr. 1: Den Feind erkennen).

Auch Anerkennung von anderen hilft dabei. Manchmal reicht ein Satz einer wichtigen Bezugsperson, um uns positiv zu beeinflussen, während negative Aussagen verheerende Langzeitwirkungen haben können. Ebenso sind Vorbilder lehrreich – erfolgreiches Agieren lässt sich beim Beobachten geeigneter Vorbilder am besten erlernen.

Selbstwirksamkeit bringt uns in die Aufwärtsspirale des Erfolges und spornt uns zu neuen Anstrengungen an. Die Energie, die dazu aufgewendet wird, entsteht aus dem Glauben an sich selbst.

Je stärker dieser Glaube unser äußeres Handeln beeinflusst, umso mehr fließt die dazu notwendige Energie.

4. Ein starkes Trio: Instinkt, Intellekt und Intuition

Instinkt, Intellekt und Intuition bilden zusammen ein Trio von starker Wirkung, wenn es darum geht, im Leben Erfolg zu haben. Es genügt nicht allein, mit Verstand und der nötigen Willenskraft seine Wünsche vorantreiben zu wollen. Wir müssen auch wissen, ob sich das Streben nach diesen Werten überhaupt lohnt. Es kann uns durchaus passieren, dass schicksalhafte Rückschläge uns zwingen, eine andere Richtung einzuschlagen.

Jeder Mensch hat ein Lebensziel, das ihm mit in die Wiege gelegt wurde, und dafür verfügt er über spezielle Talente, die im Laufe des Lebens zu Fähigkeiten ausgebildet werden müssen, damit die vorgegebene Aufgabe auch erfüllt werden kann. Daraus lässt sich auch schon ersehen, dass das falsche Ziel mit Fehlschlägen verbunden sein muss.

Die drei Bewusstseinsträger des Menschen

Zur Entwicklung unserer Persönlichkeit brauchen wir Kenntnisse. Dabei geht es nicht um die anatomischen und physiologischen Prozesse, sondern um den ganzen Menschen, der ja nicht nur aus Fleisch und Blut besteht.

Das Instinktbewusstsein

Seit die Forscher herausgefunden haben, dass sich mehr als hundert Millionen Nervenzellen zwischen Speiseröhre und Enddarm befinden, sprechen sie vom Bauchgehirn. Dieses Nervengeflecht ist quasi ein Abbild des Kopfgehirns, denn Zelltypen, Rezeptoren und Wirkstoffe gleichen denen des Kopfgehirns.

Bauchgehirn und Kopfgehirn bleiben ein Leben lang in regem Austausch. Dabei verlaufen die Verbindungen zu ca. 90 Prozent von unten nach oben. Es ist also vor allem der Bauch, der dem Kopf rund um die Uhr „Geschichten erzählt".

Zum Glück bleiben die meisten unter der Bewusstseinsschwelle. Nur wirklich wichtige, starke Meldungen auf die wir unbedingt achten und reagieren müssen, erreichen unser Bewusstsein.

Es ist unser Instinktbewusstsein, das – vom Bauchgehirn gesteuert – unsere Körperreaktionen in fast allen Lebenslagen entscheidend mit beeinflusst. Wie oft waren wir schon dankbar, dass unser Bauch in lebensbedrohlichen Situationen die Initiative ergriffen hat und es nicht allein unserem Verstand oblag, erst nach reiflicher Überlegung zu handeln. Bewiesen ist bereits, dass das Bauchgehirn auf äußere Reize reagiert.

Der Physiologie-Professor Michael Schemann geht sogar so weit, zu behaupten, dass das Bauchgehirn denkt. So langsam nähert sich die heutige Wissenschaft dem Wissensstand der alten Yogis, die dem selbstständigen, auf Erhaltung des Lebens ausgerichteten Bauchgehirn schon immer einen wichtigen Platz in ihrer Lehre einräumten. Sie nutzen die ungeheure „Antriebsenergie", die elementaren Bedürfnissen und Wünschen des Menschen zugrunde liegt, nicht nur zur Vitalisierung und Gesunderhaltung ihres Körpers, sondern auch, um Emotionen, Wünsche und Gefühle ihrem Wesen nach steuern zu können.

Emotionen bestimmen unser Handeln. Immer mehr Menschen erkennen heute, dass vorrangig Emotionen und eben nicht nur Fakten unser Handeln und unsere Entscheidungen bestimmen. Gefühle sind ein untrennbarer Bestandteil menschlichen Verhaltens.

Erst wenn wir ihre Herkunft bestimmt haben, d.h. erst wenn wir wissen, welche aus dem Bauchgehirn stammende gedankliche

Haltung bestimmte Gefühle erzeugt, können wir verhindern, dass diese plötzlich und ungewollt unsere Entscheidungen beeinflussen.

Das Bauchgehirn mit seinem Instinktbewusstsein fühlt selbstständig und bereitet als zweites Gehirn das Gefühlsbett für das, was der Kopf dann vermeintlich unabhängig entscheidet. Es ist also notwendig, auch das Denken unseres Bauchgehirns zu kennen, wenn es um eine wichtige Entscheidung geht.

Das Verstandesbewusstsein

Der gesunde Menschenverstand: Wie oft wird er zitiert. Bei näherer Betrachtung bleibt von dieser Gesundheit nicht mehr ganz so viel übrig. Zum einen wird er von den Entscheidungen des Instinktbewusstseins des Bauchgehirns beeinflusst und zum anderen ist er abhängig vom Wissen des Erlernten. Darüber hinaus ist er oft unfähig, Entscheidungen zu treffen. Das bedeutet, dass Konflikte nicht nur auf der äußeren Ebene unser Leben erschweren, sondern auch auf der inneren geistig-seelischen Ebene „Betriebsstörungen" hervorrufen.

Im Kampf zwischen Bauch und Kopf gewinnt meist der Bauch, wie wir das oft nur allzu schmerzhaft in unserem Gefühlsleben spüren müssen. Das liegt auch mit an der Tatsache, dass das Instinktbewusstsein rund um die Uhr wachsam ist, also keinen Schlaf braucht und stets reaktionsbereit ist, während das Verstandesbewusstsein Ruhephasen benötigt, um die vielen Tageseindrücke und auch neues Wissen zu verarbeiten und sich zu regenerieren.

Würden Kopf und Bauch kooperativ zusammenarbeiten, wären sie ein kraftvolles Gespann, um Ziele erfolgreich zu realisieren. Die „Antriebskraft", die das Instinktbewusstsein mit Impulsivität erfüllt und mit vitaler Lebensenergie versorgt (die Energie, die unser Überleben garantiert), und die Stoßkraft des Willens, die dem Verstandesbewusstsein zielgerichtetes Handeln ermöglicht.

Das Herzbewusstsein

„Man sieht nur mit dem Herzen gut, das Wesentliche ist für das Auge unsichtbar", sagte schon der kleine Prinz von Antoine de Saint-Exupéry.

Tatsächlich nähern wir uns mit dem Herzbewusstsein der Ebene einer Intelligenz, die des rechten Verstehens, des Mitgefühls und der Liebe.

Die zweckungebundene Energie des Herzens ist die Liebe. Mit ihrer Hilfe werden die Missverständnisse zwischen Intellekt und Instinkt, sowie die Kraftakte, die diese miteinander ausfechten, beendet werden. Mit der Entwicklung des Herzbewusstseins kommt etwas sehr Wichtiges in unser Leben – „die Intuition", und zwar jene, die nicht aus dem Bauch heraus handelt, sondern diejenige, die uns aus unserer höheren Natur heraus Impulse für ein ganz neues Denken vermittelt. Ebenso vermittelt sie Erkenntnisse der subtileren Lebenswelten. Damit beginnt für die meisten Menschen oft ein neues Leben. Es bestimmt nicht mehr allein die „niedere" Natur mit Instinkt und Verstandesbewusstsein oder, anders ausgedrückt, die körperliche Seele das Geschick des Menschen, sondern die Geistseele, die wir als den unsterblichen Teil unseres Wesens betrachten können. Sie übernimmt immer mehr die Führung. An und für sich sind wir mit dieser Führung längst vertraut, sie hat uns schon früher in Niederlagen, Krisen und Problemen darauf hingewiesen, dass allein durch eine intellektuelle und materielle Sichtweise unser Lebensziel nicht erreicht werden kann. Mit der leisen Stimme des Gewissens versuchte sie uns den rechten Weg zu weisen. Leider – und in diesem Wort steckt schon das Wort „Leid" – haben wir zu selten hingehört. Mit der Entfaltung des Herzbewusstseins und intuitiven Handelns, das von höherer Weisheit geleitet wird, können leidvolle Erfahrungen bald der Vergangenheit angehören. Auch die ewigen Fragen nach dem „Woher" und „Wohin" des Menschen oder nach dem Sinn und Zweck des Lebens finden dann die richtigen Antworten.

5. Entwickeln Sie Herzintelligenz: Aktive Meditation nach Paracelsus

Die nachfolgende Meditation ist eine Basismethode, mit der Sie Ihre Herzintelligenz fördern können. Selbst wenn Sie sich noch nie mit Meditation beschäftigt haben, wird Sie die Intensität der Energieerfahrung überraschen.

Einführung

Versuchen Sie sich eine Kerze vorzustellen, deren Docht noch nicht angezündet ist. Damit die Kerze brennt, brauchen Sie ein Streichholz. Ist die Kerze dann angezündet, wird sie weiter brennen, mal mit kleinerer, mal mit größerer Flamme.

Die Flammengröße wird von der Sauerstoffzufuhr bestimmt. Wenn Sie dann dieses Bild auf sich selbst beziehen, dann ist Ihr Herz, als geistiger Ort, der Docht der Kerze: Hier ist bereits alles vorbereitet und wartet geradezu auf das Licht, welches die Herzintelligenz entfacht. Das Streichholz können wir vergleichen mit der geistigen Energie unserer höheren Natur. Es geht jetzt nur noch darum, das Geistfeuer des Herzens wirksam zu entzünden.

Vorbereitung

Übung: Körperentspannung

- Nehmen Sie eine aufrechte Haltung ein, am besten auf einem Stuhl mit Lehne.
- Legen Sie Ihre Hände leicht geöffnet in Ihren Schoß.
- Halten Sie Ihren Brustkorb aufgerichtet – die Schultern dabei leicht nach hinten und unten sinken lassen.
- Entspannen Sie Ihren Bauch – lassen Sie ihn weich und locker nach vorne kommen.

Übung: Kopfentspannung

- Entspannen Sie Ihre Stirnmitte zu allen Seiten – nach vorne und dann nach oben zum Haaransatz – seitlich zu den Schläfen und abwärts zur Nase und zu den Augenwinkeln.
- Entspannen Sie nun Ihre Kopfhaut. Stellen Sie sich vor, dass sie sich an der höchsten Stelle Ihres Kopfes leicht nach oben dehnt. Entspannen Sie Ihren Hinterkopf abwärts zum Nacken.
- Entspannen Sie Ihre Ohren und die Halsseiten.
- Lassen Sie Ihr „inneres Lächeln" in Ihren Augen und um Ihren Mund herum entstehen und breiten Sie es aus – durch Gesicht, Scheitel, Herz und Bauch.

Übung: Atemberuhigung

- Atmen Sie wechselseitig, d.h.: bewusst durch die linke Nasenseite einatmen und durch die rechte Nasenseite ausatmen.
- Dann atmen Sie rechts wieder ein und links wieder aus.
- Wiederholen Sie diese Atemführung mindestens siebenmal (21-mal hat sich bewährt).

Übung: Konzentration zur Atemlenkung

- Stellen Sie sich vor, dass sich der Atemstrom gleich einem Lichtstrom in Ihnen bewegt.
- Lenken Sie den Lichtstrom in Ihrer Vorstellung mit der Einatmung von der linken Seite aufwärts in den höchsten Punkt

ihres Kopfes und auf der rechten Seite mit der Ausatmung abwärts über den Hinterkopf, dann rechts neben der Wirbelsäule entlang nach unten über die Beine und zum großen Zeh des rechten Fußes.

- Lassen Sie in der Einatmung die Lichtenergie auf der rechten Seite nun an der Vorderseite des Körpers aufwärtsfließen, achten Sie dabei wieder auf die rechte Nasenseite.
- Wiederholen Sie die Atemführung anschließend auf der rechten Seite.

Meditation

- Stellen Sie sich einen Lichtstrahl wie das Sonnenlicht vor, der an der höchsten Stelle Ihres Kopfes einstrahlt und sich in Ihr Herz absenkt, um sich hier zu verankern und um die Herzenergie zu aktivieren.
- Das Herzfeuer brennt: Mit jeder Einatmung bekommt es nun neue Nahrung und wird zur Lichtquelle in Ihrem Brustraum. Mit jeder bewusst geführten Ausatmung lenken Sie dann das Lichtfeuer Ihres Herzens:
  - zunächst durch Ihren Körper in die Beine und Füße, in den Beckenraum, durch das Steißbein, das Kreuzbein, die Lendenwirbelsäule, durch den Bauchraum und durch die Brustwirbelsäule in den oberen Brustraum und in die Lungenflügel;
  - dann durch die Schultern und Arme in die Hände und Finger aufwärts durch den Hals und Nacken;
  - dann durch die Sinne und schließlich lenken Sie Ihre Herzenergie durch Ihr physisches Gehirn und machen es aufnahmebereit für Impulse aus Ihrer Geistseele.

- Verankern Sie im Bewusstseinsbrennpunkt Ihres Kopfes (er befindet sich zwischen Stirnmitte und Scheitelpunkt) nur einen Gedanken: „Licht", anstatt anderer Gedanken nur „Licht"!

- Lassen Sie Ihr Herz die Energie weiter ausströmen, mit jeder Ausatmung;

- Strahlen Sie das Licht durch Ihre Haut weit nach außen;

- Lassen Sie jede Pore zu einem Scheinwerfer werden;

- Entwickeln Sie die Vorstellung, weit über sich hinauszuwachsen und sich in jeder Ausatmung weiter auszudehnen.

- Lassen Sie die Herzenergie in den Raum fluten – durch Raum und Mauern in die Umgebung und weiter in die Umwelt. Lassen Sie sich dabei Zeit!

- Wenn es einen Menschen gibt, dem Sie die Herzenergie senden möchten, dann lenken Sie an diesem Punkt die Energie zu ihm hin. Erleuchten Sie sein Herz – zünden Sie es an und betten Sie die ganze Person in das Licht der Liebe.

- Schenken Sie das, was Sie selbst geschenkt bekommen, selbstlos weiter. Verbinden Sie keinen Zweck damit, zum Beispiel, dass Ihnen der andere dann vielleicht wohlgesonnen wäre. Wahre Liebe verschenkt sich ohne zu erwarten!

Schluss

Beenden Sie die Meditation mit derm Verlust Ihrer Konzentration. Solange Sie jedoch das Gefühl haben, in ihr weilen zu wollen, tun Sie es. Empfehlenswert wäre, dass Sie jeden Tag dafür Zeit finden. Außer, dass Sie selbst davon profitieren, leisten Sie einen wichtigen Beitrag für alle Menschen – Sie schenken der Welt Licht und damit Liebe – so entsteht gesundes Leben.

Anti-Stress-Strategie Nr. 6: Das Stimmungsbarometer nutzen

8

1. Wie entstehen Stimmungen?

Unsere Leistungsfähigkeit wie auch unsere Kommunikationsfähigkeit hängt von Stimmungen ab. Unser zwischenmenschliches und soziales Verhalten wird von der augenblicklichen Stimmungslage entscheidend beeinflusst.

Von Stimmungstiefs, die wir als abgeschlafft, gedrückt, nervös, unruhig, angespannt empfinden und auf die wir bewusst unsere Handlungsfähigkeit abstimmen, gleiten wir in Phasen guter Laune, in denen wir uns „top drauf", sicher, ruhig und gelassen fühlen, ohne zu wissen, warum das so ist.

Auslöser oder Gründe für einen plötzlichen Stimmungswechsel lassen sich nicht so leicht erkennen. Da wir meist mehr mit dem Kopf als mit dem Körper beschäftigt sind, können sie sich nur allzu leicht einschleichen. Und sind wir erst einmal in einem Tief, ist es schon schwieriger, damit positiv umzugehen.

- Die Unruhe nimmt zu, die Konzentration nimmt ab, das Gedankenkarussell dreht sich.
- Die Anspannung steigt.

Positives Denken ist in diesem Zustand nicht nur schwierig, sondern hebt den Energiepegel meist nur kurzfristig an. Unsere Gedanken sind zustandsabhängig. Ist der Energiepegel niedrig, ist auch unsere Gemütslage auf Dauerfrust geschaltet.

Häufig interpretieren wir unsere negative Stimmung und unser Leistungstief als eine Reaktion auf eine von außen kommende, uns verstimmende Situation, in die wir plötzlich geraten sind.

Wann immer bei uns das Gefühl eines Leistungslochs auftaucht und die spontanen Reaktionen nachlassen, werden unbewusste Mechanismen wirksam, die versuchen, der negativen Entwicklung entgegenzusteuern. Jeder hat dazu seine eigenen Gewohnheiten im Laufe seines Lebens entwickelt. Wir denken nicht mehr darüber nach, warum wir gerade jetzt einen Kaffee trinken wollen, frische Luft oder eine Zigarettenpause brauchen, einen kleinen Schwatz mit dem Nachbarn suchen oder unbedingt etwas Süßes essen möchten. Wir haben uns kleine Rituale angewöhnt, um dieser inneren Unruhe Herr zu werden und die Anspannung loszuwerden, um wieder angenehmere Empfindungen zu haben. So halten wir unseren Organismus künstlich auf einem hohen Leistungsniveau, obwohl seine Energiekapazitäten eigentlich erschöpft sind. So sind viele unserer Ernährungs- und Erholungsgewohnheiten nichts anderes als der Versuch, sich möglichst lange auf einem hohen Gute-Laune-Level zu halten. Auch unsere sonstigen Aktivitäten, wie Freizeitbeschäftigungen, soziale Kontakte oder andere Zerstreuungen, haben damit zu tun.

Einige unserer angewandten Strategien sind dabei effektiver als andere, zum Beispiel wissen wir heute, dass die Zigarette, der Kaffee, das Glas Wein sehr wohl einen Entspannungsfaktor aufweisen, jedoch langfristig eher als gesundheitsschädigend einzustufen sind.

2. Das Stimmungsbarometer

Bestimmte Stimmungen lassen nur bestimmte Gedanken zu. Die körperliche Fitness bestimmt also auch das Niveau unserer Gedanken. Deshalb zeigen kognitive Strategien wie auch das positive Denken oft so wenig Wirkung bei unseren Versuchen, uns aus einem Stimmungstief zu ziehen. Eine wirkungsvolle Gute-Laune-Strategie kann entwickelt werden, wenn wir unser Stimmungsbarometer lesen lernen, schädliche Verhaltensstrategien erkennen und an deren Stelle Energie und Freude weckende Programme setzen.

Leistungstief: alle eineinhalb Stunden

Seit der Entdeckung der ultradianen Rhythmen, die unsere Traum- und Tiefschlafphasen bestimmen, kann man heute davon ausgehen, dass dieser ca. 90- bis 120-minütige Rhythmus (ca. 90 Minuten Schlaf und ca. 30 Minuten Traumphase) sich auch im Wachzustand fortsetzt.

Das bedeutet, dass wir auch am Tag alle 90 Minuten in einen veränderten Bewusstseinszustand gleiten. Der Körper hat also ein Aktivitäts- und Ruherhythmus, dem von uns in den seltensten Fällen Rechnung getragen wird. Normalerweise verfügen wir in der ca. 90 bis 120 Minuten dauernden Leistungsphase über genügend Energien, Konzentration und Kreativität, um „gut drauf" sein zu können, danach kündigt sich das Leistungstief von wiederum ca. 30 Minuten an. Wir werden unkonzentriert, fühlen uns leistungsschwach, machen Fehler bei den kleinsten Dingen und fangen an, der Realität durch Tagträumereien zu entfliehen. Der Körper versucht, in die Ruhepause abzudriften, um sich zu regenerieren. Diese Regenerationsphase ist notwendig, um für das Leistungshoch in der Phase des Wiederanstiegs fit zu sein.

Der Rhythmusinfarkt droht

Unsere Leistungsgesellschaft ist schwerlich bereit, dem Bedürfnis des Einzelnen nach Ruhe und Erholung nachzukommen. Dass Firmen ihren Arbeitnehmern während der Leistungstiefphase Pausen einräumen werden, daran mag wohl niemand ernsthaft glauben.

Betriebliche Pausenzeiten sind in feste Zeitstrukturen eingebunden. Der innere Ruhe- und Aktivitätszyklus ist dagegen individuell, flexibel. Er ist abhängig von der Persönlichkeit des Menschen und von der jeweiligen Ausgangssituation. Wie bei allen notwendigen Veränderungen müssen wir bei uns selbst beginnen, um Körper und Seele die erforderliche Regenerationsphase einzuräumen.

Beispiel:

Sie befinden sich in einer für Sie wichtigen Besprechung und Sie spüren, wie Sie – Ihr Körper und Geist – in eine Ruhepause abdriften möchten. Sie haben das Gefühl, immer müder zu werden, möchten sich strecken und gähnen, irgendetwas essen und die Gedanken einfach laufen lassen: „Ich brauche eine Pause!", signalisiert Ihr Körper. Ausgerechnet jetzt befinden Sie sich aber in einer Situation, die von Ihnen höchste Konzentration verlangt. Sie sollen einen Vortrag halten, Ideen haben oder Vorschläge entwickeln.

Das Bedürfnis nach Ruhe und Entspannung kommt Ihnen wirklich ungelegen. Das Ziel der Stunde vor Augen, lässt der innere Wunsch nach Leistungskraft den Stresspegel hochschnellen und das Leistungshormon Adrenalin ins Blut schießen. Das ist der berauschende Stoff, der Sie hellwach macht, die Ideen nur so sprudeln lässt und die Leistungsfähigkeit wieder ins Hoch bringt. Vergessen sind Müdigkeit, Erschöpfung, Hunger oder Durst.

Dieser Adrenalinschub täuscht uns über das wahre Befinden des Körpers hinweg, er lässt die unterschwelligen Körpersignale in den Hintergrund treten, Missempfindungen können nun nicht mehr wahrgenommen werden.

Hält die Power zu lange an, beginnt der Stress seine Eigendynamik zu entwickeln: Das Körper-Seele-System baut ab, der Energiespiegel sinkt, Fehler geschehen immer häufiger. Daraus beginnen sich Versagensängste zu entwickeln, und Minderwertigkeitsgefühle bestimmen unser Verhalten. Wer jetzt immer noch nicht gemerkt hat, dass die Alarmstufe Rot für den überstrapazierten Körper herrscht, muss mit dem drohenden Zusammenbruch rechnen.

3. Das Leben könnte eine Lust sein

Ein gesundes Stimmungsmanagement besteht also darin, die körpereigenen Rhythmen zu beachten, d.h., seinen toten Punkt zu kennen, gezielt zu entspannen und die langfristig eher schädlichen Stimmungsaufheller durch vernünftige, aber mindestens ebenso wirksame zu ersetzen.

Als eine besonders wirksame Strategie hat sich dabei die Fähigkeit, Freude zu empfinden, erwiesen. Sie kennen sicher das Gefühl, Bäume ausreißen zu können, oder Sie möchten vor Freude die ganze Welt umarmen.

Eine ideale Lebenseinstellung wäre demnach Freude, Optimismus, und eine positive Lebenserwartung. Natürlich ist das nicht immer möglich, das Leben ist von polarer Natur – wie unsere Stimmungen mal gut, mal schlecht. Ich glaube jedoch, dass selbst ein von Natur aus eher finsterer Zeitgenosse mit einiger Übung und gutem Willen die Fähigkeit, Freude zu empfinden, entwickeln kann.

Praxis-Tipp:

- Planen Sie Ihren Arbeitsalltag so, dass die wichtigsten und anstrengendsten Tätigkeiten in die Hoch-Zeiten fallen.
- Vermeiden Sie in Tief-Zeiten Auseinandersetzungen oder Konfliktregelungen, ebenso wichtige Gespräche, die viel Einsatz erfordern.

Beachten Sie: Sie sind kein Sklave Ihres Körpers, Sie haben Ihre Energiespritze (Adrenalinstoß) immer dabei. Wenn Sie auf anschließende Entspannung achten, bleibt Ihr Körper in Top-Form.

- Ziehen Sie in Tief-Zeiten funktionelle und mechanische Arbeiten vor.

Bringen Sie einen neuen Rhythmus in Ihr Leben

Wochentag	Vorschlag	Ihr persönliches Programm
Montag	Rahmenbedingungen verändern: Wählen Sie einen anderen Weg zum Arbeitsplatz.	
Dienstag	Rahmenbedingungen verändern: Gestalten Sie Ihren Arbeitsplatz „gemütlicher".	
Mittwoch	Effektiver arbeiten (morgens sind Sie leistungsfähiger): Verschieben Sie Aufgaben, die Nachdenken/Kreativität erfordern, auf den Vormittag, Routineaufgaben auf den Nachmittag.	
Donnerstag	Stress abbauen: Machen Sie sich einen Arbeitsablaufplan mit Pausen für Freitag.	
Freitag	Soziales Umfeld verbessern: Sprechen Sie eine neue Kollegin/einen neuen Kollegen an, und laden Sie sie/ihn zur Kaffeepause/Mittagessen ein.	

Samstag	Überprüfen Sie mit dem Partner/mit Freunden die Vor- und Nachteile sowie Veränderungsmöglichkeiten In Ihrem Beruf.	
Sonntag	Überprüfen Sie im Gespräch mit dem Partner/mit Freunden Ihren Perfektionsdruck bzw. Ihre innere Einstellung zu Ihrer Arbeit.	

Energie und Wohlbefinden im 24-Stunden-Takt

- Die beste Zeit für die Liebe

  Zwischen sechs und acht Uhr morgens produziert unser Körper die fünffache Menge an den Sexualhormonen Testosteron und Östrogen als zum Beispiel nachts. Und genau diese Stoffe machen nicht nur Lust auf Liebe, sondern sorgen auch dafür, dass wir die intimen Zärtlichkeiten besonders intensiv genießen können.

- Die ideale Zeit für geistige Hochleistungen

  Der späte Vormittag ist die beste Zeit für wichtige Gespräche und Termine, die kreative Hochleistungen erfordern, denn die Konzentrationsfähigkeit ist jetzt um etwa acht Prozent höher als beispielsweise am Abend. Ebenso funktioniert das Kurzzeitgedächtnis um diese Zeit am besten. Informationen jedoch, die länger gespeichert werden sollen, müssen am Nachmittag noch einmal wiederholt werden. Dann ist das Langzeitgedächtnis extrem aufnahmefähig.

- Energie auftanken am Mittag

  Die Produktion der Magensäure nimmt zu und der Körper beginnt, seine Energiereserven anzugreifen. Zeit also für eine kleine Mahlzeit – am besten mit viel Vitaminen und Ballaststoffen. Die werden zu diesem Zeitpunkt optimal aufgenommen und verwertet. Feinschmecker sollten bis zum Abend warten, denn ab 18.00 Uhr sind der Geschmacks- und der Geruchssinn am sensibelsten. Auch Alkohol wird ab diesem Zeitpunkt besser vertragen.

- Siesta ab 14.00 Uhr

  Ihr Körper ist Ihnen dafür besonders dankbar, und das zweite besonders starke Leistungshoch kann sich danach gegen 15.00 Uhr einstellen. Egal, was Sie tun wollen, es wird Ihnen zu diesem Zeitpunkt sehr viel leichter von der Hand gehen.

- Die beste Trainingszeit

  Fit fühlt sich Ihr Körper am frühen Nachmittag und am frühen Abend. Physische Anstrengungen wie Sport oder andere Aktivitäten, die Körperkraft erfordern, werden jetzt viel besser verkraftet. Auch die Gefahr, das Herz zu sehr zu belasten, ist wesentlich geringer als morgens. Ein Saunabesuch ist um diese Zeit ebenfalls empfehlenswert, da Hitze dann besonders gut vertragen wird.

- Die ideale Zeit für Ihre Schönheitspflege

  Auf Hochtouren arbeitet die Haut um 22.00 Uhr, da sich um diese Zeit die Zellen ca. achtmal schneller teilen als am Nachmittag und deshalb wirken Pflegemittel für die Haut nachts sehr viel intensiver als tagsüber.

- Vorsicht ist um Mitternacht geboten

  In dieser Zeit passieren die meisten Unfälle, da Konzentration und Aufmerksamkeit ihren Tiefpunkt haben. In dieser Zeit liegen auch die häufigsten Herzinfarkte. Durch die zu diesem Zeitpunkt herrschende schwache Energieleistung ist ein bereits geschädigtes Herz davon doppelt betroffen. Erst gegen vier Uhr morgens werden die Aktivitäten des Organismus wieder erhöht und das Stresshormon Cortisol wird ins Blut gepumpt.

Ihr Jungbrunnen: Anti-Aging-Strategien

9

1. Die neue Zauberformel

Noch gibt es kein magisches Elixier, das uns ewige Jugend schenkt. Das Altern ist nicht aufzuhalten, jedoch sind nur 60 Prozent davon genetisch bedingt und darum nicht zu beeinflussen. Zu 40 Prozent können wir es aber verlangsamen und unsere biologische Uhr zurückstellen.

Die heutige Zauberformel dafür lautet „Anti Aging". Der aus den USA stammende medizinische Begriff bedeutet so viel wie „gegen das Altern" und steht für verschiedene Methoden und Therapien, mit deren Hilfe man bis ins hohe Alter gesund und fit bleiben soll.

Die Anti-Aging-Mediziner stützen sich dabei im Wesentlichen auf sechs Faktoren:

- Gesunde, energiereiche Ernährung

  Ein 40- bis 50-Jähriger beispielsweise benötigt eine andere Kost als ein 20- oder 30-Jähriger.

- Nahrungsergänzungsmittel

  Selbst bei ausgewählter Nahrung, die nach allen möglichen Gesundheitskriterien zusammengestellt wird, sind wir heute zum Beispiel aufgrund des konventionellen Anbaus von Gemüse nicht mehr in der Lage, uns ausreichend mit Vitaminen und Mineralstoffen zu versorgen.

- Hormone

  Durch eine Hormonbehandlung jünger, straffer und „einfach gut drauf sein". Sinnvoll und ungefährlich nur nach einem Check up durch einen Arzt.

- Mentale Fitness

  Unabhängig sein und bleiben setzt voraus, dass unser Geist flexibel ist und wir bezüglich unseres Lebensstiles gewisse Grundregeln beherzigen.

- **Richtige Bewegung und gezielte Entspannung**

  Möglichst täglich: Power Yoga-Übungen, Kernstärke-Übungen, Selbstentspannung (S.E.) sowie angenehmes Walking, und Ihr Körper bleibt fit.

- Kosmetische Maßnahmen sind manchmal unumgänglich

  Das Messer ersetzt aber nicht die Eigenverantwortung für die Gesundheit und das Wohlbefinden des Körpers.

2. Anti-Aging-Faktor 1: Gesunde und energiereiche Ernährung

Inzwischen ist jedem halbwegs gesundheitsbewussten Menschen klar, dass Fast Food, Fertiggerichte, lange warm gehaltene Buffets oder Kantinenessen, große Mengen an tierischen Fetten, zuckerhaltigen Speisen und Getränken nicht gesund sind und stattdessen Frischkost – mit viel Salaten, Gemüse und Obst und nur wenig Fleisch und Käse – gegessen werden sollte. Was aber macht die „verjüngende" Wirkung von „Grünzeug" aus?

Wichtig ist der Energiefaktor der Nahrung, d.h. ihr Gehalt an freien Elektronen, und nicht ihr Kalorien- und Nährwert.

Die stärkste dauerhaft energetisierende Wirkung hat frische, sonnengereifte Kost.

In Untersuchungen wurde bewiesen, dass „tote" Kalorien wie Zucker, Fleisch und tierische Fette sowie stark verarbeitete Nahrungsmittel dem Organismus tatsächlich Energie rauben. Innerhalb von etwa 30 Minuten sinkt der Energiewert im kleinen Energiekreislauf nach dem Verzehr rapide ab. Bei Frischkost konnte dagegen nach dem Essen eine deutliche Steigerung der Energie verzeichnet werden.

Natürlich ist die tägliche Ernährung aus sonnengereifter Frischkost nicht nur wegen ihres hohen Energiewertes wichtig, sondern auch aufgrund ihres hohen Gehalts an Vitalstoffen wie Enzymen, Vitaminen, Mineralien, Spurenelementen, Amino-, Nuklein- und ungesättigten Fettsäuren.

Beauty-Power aus der Küche

Kaum Fältchen und mit 40 noch mindestens zehn Jahre jünger wirken: der Traum aller Frauen. Die effektivsten Beauty-Helfer stehen nicht im Kosmetikregal, sondern in der Küche.

Vor allem können farbenfrohe Früchtchen und knackiges Gemüse die biologische Uhr zurückdrehen. Mit diesen Lebensmitteln kommt ein umfassender Antioxidantiencocktail in Form der Vitamine C und E sowie der farbigen Pflanzenschutzstoffe aus der Gruppe der Carotinoide und Flavonoide auf den Tisch.

Auch Ärzte raten inzwischen zur Ernährung nach den Ampelfarben. Genießen Sie deshalb wegen der vielfältigen gesundheitsfördernden Inhaltsstoffe täglich grünes, gelbes, rotes Gemüse und Obst, am besten ergänzt durch Vitamin-E-haltiges Oliven- oder Rapsöl und einige Nuss-, Kürbis- oder Sonnenblumenkerne. Dies sind Ihre besten Helfershelfer im täglichen Kampf gegen freie Radikale. Diese entstehen durch den so genannten oxydativen Stress, hervorgerufen durch Umweltschadstoffe, Sonnenstrahlen, Lärm, Schlafmangel – durch physischen Stress.

Unser Körper wird von hoch aggressiven Substanzen bombardiert, freien Radikalen, die seine Zellen schädigen und ihn vorzeitig altern lassen. Zirkulieren jedoch „radikale Fänger" im Körper, die Antioxidantien, werden die Angreifer abgefangen und unschädlich gemacht.

Zirkeltraining fürs Blut

Damit alle Körperzellen mit frischer Energie versorgt werden, muss das Blut in den Gefäßen ungehindert fließen können. Befinden sich Vitamin-E-Moleküle in ausreichender Menge im Organismus, steht dem freien Fluss des Blutes nichts im Wege. Das wäre ein optimaler Zustand. Dass dem nicht so ist, wissen wir, denn schließlich können Herz- und Kreislauferkrankungen sowie Schlaganfälle auch auf Ablagerungen in den Gefäßwänden zurückgeführt werden.

Einer der effektivsten Verjüngungsstoffe ist deshalb das Vitamin E, enthalten in Ölen, die nicht nur gesund sind, sondern auch noch schmecken, zum Beispiel Kern-, Walnuss- und Leinsamenöl. Gehen Sie deshalb nicht allzu sparsam damit um.

Biomoleküle zur Verbesserung der Durchblutung sind Flavonoide, enthalten in Weintrauben und Gemüse. Ein erlahmtes Immunsystem bringen viele bioaktive Nahrungsstoffe wieder auf Trab, allen voran Zwiebeln, Lauch, Knoblauch. Sie sind reich an Antibiotikaähnlichen Stoffen, so genannten Sulfiden.

Dass vor allem Vitamin C dem Immunsystem Power gibt, ist gut bekannt: Kiwis, Johannisbeeren, Zitrusfrüchte, Paprika, aber auch alle Kohlsorten enthalten reichlich Vitamin C.

Auch Zink, besonders üppig vorhanden in Fisch und Meeresfrüchten, aber auch in Milch, Quark, Joghurt und Hartkäse, arbeitet mit Vitamin C und anderen Schutzmolekülen zusammen und gibt der Körperabwehrarbeit den nötigen Kick.

Gute Nerven und ein super Gedächtnis

Hierfür steht die Vitamin-B-Gruppe hoch im Kurs. Dieses Vitamin-Team fördert die Konzentration, stärkt das Erinnerungsvermögen und koordiniert die Nervenfunktionen. Vollkornprodukte, Nüsse,

Samen, aber auch grüne Blattsalate enthalten reichlich B-Vitamine und schützen vor Leistungsabfall, Konzentrationsschwäche und depressiven Stimmungen.

Die besten Energizer der Seele

Bananen, Avocados, Papayas, Tomaten, Paprika enthalten Serotonin, den Stoff, der positive Gefühle weckt und einen sicheren und gelassenen Gemütszustand vermittelt.

Powermoleküle, die Stoffwechsel und Hormonhaushalt in Schwung bringen

Der Körper braucht Eiweißstoffe, Proteine. Diese Powermoleküle finden wir in allen Eiweißlieferanten wie Quark, Hüttenkäse, Fisch, aber auch mageres Fleisch. Gut für die Proteinversorgung ist zudem pflanzliches Eiweiß aus Hülsenfrüchten – allen voran Linsen. Aber auch Tofu, ein aus Soja gewonnenes Produkt, ist ein hervorragender Eiweißlieferant.

Die zentrale Quelle für Lebenskraft

Das Spurenelement Eisen sorgt dafür, dass der lebenswichtige Sauerstoff zu allen Zellen gelangt und die Energiegewinnung sicherstellt. Es ist vor allem in Wild oder dunkelgrünen Blattsalaten zu finden.

Das Aktiv-Molekül L-Carnitin

Es steht noch gar nicht so lange im Brennpunkt der Ernährungsforschung. Die Muskelleistung soll durch L-Carnitin um mehr als 30 Prozent gesteigert werden können und so die körperliche Kondition und Fitness stärken. In Lammfleisch steckt am meisten L-Carnitin, doch auch Schafskäse und dunkelgrüne Gemüsesorten beinhalten diesen wertvollen Aktivstoff.

Die zehn Anti-Aging-Lebensmittel

Wissenschaftler empfehlen, täglich zwischen 3 000 und 5 000 Orac-Einheiten zu sich zu nehmen. Orac ist eine neue Maßeinheit und steht für „Oxygen Radical Absorbance Capacity". An Orac reiche Lebensmittel sollen dem Körper dabei helfen, effektiv gegen freie Radikale anzukämpfen und den Alterungsprozess der Haut zu verlangsamen.

Frucht/Gemüse	**Orac-Einheiten pro 100 g**
Trockenpflaumen	5 750
Rosinen	2 830
Blaubeeren	2 434
Brombeeren	2 036
Knoblauch	1 939
Kronsbeeren	1 750
Erdbeeren	1 536
Spinat	1 210
Himbeeren	1 227
Rosenkohl	980

Trinkwasser: ein starker Verjüngungsfaktor

Wir sollten täglich zwei bis drei Liter mineralarmes, kohlensäurefreies körperwarmes Wasser zu uns nehmen. Tee, Kaffee, Flaschensäfte oder auch andere Getränke sind da kein Ersatz. Erst diese Menge an Wasser gewährleistet, dass die Vitalstoffe in alle Zellen gelangen, Stoffwechselreste ausgeschwemmt werden und die freie Elektronenenergie aus der Nahrung sich schnell verbreiten kann.

Ein Wermutstropfen ist allerdings die allgemeine Qualität des Wassers. Kaum ein Leitungswasser und nur vereinzelte Flaschenwässer erfüllen die Kriterien eines hohen Energiewertes, weshalb Wasserfilter oder spezielle Geräte zur Wasserenergetisierung immer größere Verbreitung finden.

Während es beim Wasser darum geht, möglichst viel davon zu sich zu nehmen, sollte der folgende Stoff weitgehend vermieden werden.

Werden Sie ein Zucker-Asket

Mehr als acht Gramm täglich – inklusive des versteckten Zuckers in diversen Getränken, Fertiggerichten etc. kann ein erwachsener Mensch gar nicht verarbeiten, ohne gesundheitliche Störungen zu riskieren. Die überschüssige Menge ist direkt an den Problemen beteiligt, die den Alterungsprozess beschleunigen.

Das bekannteste Zuckerproblem: Der Transport des Nahrungsbreis durch den Verdauungstrakt wird durch zu viel Zucker behindert, wodurch es zur Gärung und dadurch zur Schädigung der Darmflora, zu Pilzbefall, Übersäuerung und Funktionsstörungen der ausleitenden Organe wie Blase, Nieren und Lymphe kommen kann und somit zur Eigenvergiftung.

Ein weiteres Problem sind so genannte Proteinnetze, die durch eine unkontrollierte Verbindung von aus Zucker gebildeter Glukose und Eiweißen entstanden sind. Diese Proteinnetze führen zu Elastizitätsverlusten und Versteifungen im Gewebe, was wiederum schwer wiegende Folgen für die Funktionsfähigkeit von Herz und Lunge, aber auch für die gesamte Blutzirkulation nach sich ziehen kann.

Nimmt die Versteifung durch die Eiweißnetze auch am Kollagen des Bindegewebes zu, können Organe und Drüsen so weit eingeschnürt werden, dass sie nahezu inaktiv werden – eine der Ursachen, warum die Hormonproduktion im Alter rapide sinkt.

Wie Sie einen gesunden Einstieg finden

Kleine Pausensnacks wie zwei Stück Obst, einen Apfel, eine Banane, eine Orange, eine große Scheibe Melone oder anderes frisches Obst der Jahreszeit sollte zum Pflichtprogramm werden, an dem sich keiner vorbeimogelt.

Sind sie dann erst einmal auf den Geschmack gekommen, dürfte auch eine Steigerung in Richtung mehr Gemüse und Rohkost nicht allzu schwer fallen.

Beispiel: Fünfmal am Tag Anti-Aging-Food. Peppen Sie jede Mahlzeit mit „Grünzeug" auf.

Radikalfänger kann man auch trinken

Frisch gepresste Säfte können eine Obst- oder Gemüsemahlzeit durchaus ersetzen.

Vom stark antioxidativ wirksamen Wirkstoff Lykopin ist bekannt, dass er aus Tomatensaft, Tomatensuppe oder Tomatenmark für den Körper besonders gut verfügbar ist. Menschen, die viel fliegen, greifen immer häufiger zu Tomatensaft, um so ihren gerade beim Fliegen benötigten Antioxidantienschutz zu verbessern.

Übrigens: Obst und Gemüse machen nicht dick. Essen Sie also so viel davon, wie Sie mögen.

3. Anti-Aging-Faktor 2: Nahrungsergänzungen

In Sachen Nahrungsergänzungen ist Deutschland ein absolutes Entwicklungsland. Den Begriff Nahrungsergänzung gibt es offiziell noch gar nicht.

Andernorts hat man sich längst auf die schwierigen Verhältnisse eingestellt, die durch die veränderten Essgewohnheiten entstanden sind. Die Vorliebe für Fast Food und Fertigprodukte haben zur Folge, dass sich ganze Bevölkerungsgruppen falsch ernähren.

Dazu kommt, dass heutige Pflanzen aus konventionellem Anbau durchschnittlich nur noch ein Viertel an Vitalstoffen enthalten. Forscher weisen darauf hin, dass wir bei heutiger Mischkost nur noch einen Bruchteil des von der Deutschen Gesellschaft für Ernährung empfohlenen Tagesbedarfs an Spurenelementen aufnehmen: zum Beispiel bei Zink ein Drittel, bei Kupfer ein Fünftel und bei Selen gar nur noch ein Sechzehntel. Zudem enthalten die Speisen noch Reste chemischer Spritzmittel, Konservierungsstoffe und andere künstliche Zusätze, die den Organismus belasten. Um diese zu neutralisieren und ausscheiden zu können, benötigt der Körper noch mehr und nicht weniger Vitalstoffe.

In den USA zum Beispiel schlucken rund 40 Prozent der Bevölkerung Vitamine und Mineralien. Sie sind alles andere als Opfer, die auf die Werbung für „unsinnige Produkte" hereingefallen sind. Die Behörden in den USA nehmen das Thema sehr ernst, nachdem sich herausgestellt hat, dass mit Vitalstoffen unterversorgte Menschen sehr krank werden können, aber sie gestalten den Markt liberal. Große Health Stores in England und Holland bieten eine riesige Auswahl an Nahrungsergänzungen zu vergleichsweise günstigen Preisen.

Anders in Deutschland: Die zur Zeit noch geltende rechtliche Situation und die Haltung der einflussreichen Deutschen Gesellschaft für Ernährung gestalten den freien Verkauf von Nahrungsergänzungen zum Teil noch recht schwierig.

Rechtlich werden Nahrungsergänzungen einerseits den Lebensmitteln zugeordnet, andererseits aber auch den Arzneimitteln. Beide unterliegen sehr strengen Richtlinien, die auf der einen Seite gut für uns sind, auf der anderen Seite aber vielfach veraltet sind.

Vielen Substanzen möchten die Überwachungsbehörden sogar einen spezifischen Ernährungszweck absprechen. Zwar haben viele Ärzte, Ernährungsberater und interessierte Bürger längst erkannt, dass Antioxidantien langfristig für die Gesunderhaltung bedeutsam sind – aber der Einsatz solcher Substanzen wird vom derzeit gültigen Arzneimittelrecht nicht begünstigt, sondern ganz im Gegenteil behindert.

Mangel im Überfluss

Mangelzustände kennen wir auch hier in Deutschland schon seit geraumer Zeit. Ebenso wissen wir um die biologischen Effekte von Antioxidantien oder Radikalfängern. Allein aus Lebensmitteln können bestimmte Antioxidantienmengen aber kaum aufgenommen werden:

- Beispielsweise müsste man 20 bis 40 Orangen oder 50 bis 80 Äpfel ausgepresst oder 800 bis 1000 Gramm Petersilie konsumieren, um ein Gramm Vitamin C zu gewinnen und aufnehmen zu können.
- Eine schützende Wirkung für Herz und Kreislauf setzt erst bei der Aufnahme von ungefähr 300 Milligramm Vitamin E ein. Dies entspricht in etwa einem Pfund Mayonnaise, einem Kilogramm Walnüssen oder 300 bis 400 Millilitern Maiskeimöl.

- Eine stärkende Wirkung auf Herz und Stoffwechsel ergibt sich bei einer Aufnahme von 50 Milligramm Coenzym Q 10 pro Tag. Sie müssten ein halbes Pfund Weizenkeime essen, um die tägliche Versorgung mit Coenzym Q 10 zu gewährleisten.

Eine zusätzliche Versorgung mit Nahrungsergänzungen ist also unverzichtbar.

Auch hohe Dosierungen sind gut verträglich

Während bei Arzneimitteln die Grenzen für die Dosis strikt beachtet werden müssen, gibt es bei Nährstoffen einen sehr viel größeren Toleranzbereich. Der Grund: Der menschliche Körper kennt diese Stoffe. Sie gehören zu den Bausteinen, die unsere Spezies durch die Jahrmillionen getestet, befühlt, eingebaut und verarbeitet hat. Sie sind also von Natur sehr sicher in der Anwendung und schädigen auch bei einer vorübergehend übermäßigen Zufuhr den Organismus nicht.

Nach neuesten medizinischen Erkenntnissen verringert zum Beispiel die Einnahme von ca. drei Gramm Vitamin C täglich das Risiko, an Magen- und Blasenkrebs zu erkranken, erheblich. Zugleich wird der Arteriosklerose und Herzerkrankungen vorgebeugt und das Immunsystem gestärkt; hohe Vitamin-C-Dosen unterstützen die Entgiftung des Körpers von Giftstoffen wie zum Beispiel Formaldehyd.

Da der universelle Vitalstoff zudem das Bindegewebe kräftigt und den Fettabbau beschleunigt, wird seine verjüngende Wirkung auch von außen sichtbar.

Statt nun in eine „Vitaminie“ zu verfallen und täglich einen Cocktail aus allen möglichen zumeist künstlichen Vitaminen zu schlucken, ist es sinnvoller, die gesunde, energiereiche Ernährung, die ich Ihnen schon vorgestellt habe, durch wenige ausgesuchte Stoffe zu ergänzen.

Ihr individuelles Schutzprogramm

Da jeder Mensch andere Voraussetzungen mitbringt, hat auch jeder einen anderen Bedarf: die „biochemische Individualität". Trotzdem lassen sich ein paar allgemeine Kriterien nennen, die beim Nährstoff- und Antioxidantienbedarf eine Rolle spielen. Ganz allgemein braucht ein großer, schwerer Körper von Natur aus mehr Nährstoffe.

- Hormone: Männer und Frauen haben ein unterschiedliches Hormonprofil – eine unterschiedliche Fettverteilung, Männer haben eine größere Muskelmasse.
- Antioxidantien: Der Bedarf steigt mit dem Alter, bei extremen Sportarten, bei Rauchern und – besonders wichtig – in der Rekonvaleszenz oder bei Reduktionsdiäten.

Grundsätzlich kann man davon ausgehen, dass der im Berufsleben sehr geforderte Mensch mit einem chronischen Stresspegel höhere Dosierungen braucht als jemand, der sich die Arbeit bei sehr viel freier Zeit einteilen kann.

Auch diejenigen, die sich einfach nicht aufraffen können, eine gesunde Ernährung und richtige Bewegung in den Arbeitsalltag einzubringen, müssen zu höheren Dosierungen greifen.

Ansonsten gelten die Empfehlungen auf den Verpackungen der Nahrungsergänzungen. Die Produkte sollten den Organismus in keiner Weise belasten, d.h., sie sind von nachgewiesener hoher Bioverfügbarkeit, da das Vitamin C, welches normalerweise nach vier Stunden ausgeschieden wird, über einen sechsmal so langen Zeitraum im Organismus verbleibt. Das schont den Körper und den Geldbeutel. Darum gilt auch: Achten Sie auf Qualität. Sie haben auf Dauer mehr davon.

Checkliste: Nahrungsergänzung

- Seien Sie vorsichtig bei Firmen, die Hilfsstoffe verwenden. Preiswerte Produkte kommen in der Regel aus hoch technisierten Betrieben, die zur Kostenminimierung jedes erdenkliche Mittel einsetzen. Tabletten und Dragees werden ohne Rücksicht auf Verträglichkeit, Resorption und Verdaubarkeit produziert und können der Gesundheit eher schaden als nutzen.
- Achten Sie auf den Begriff „hypoallergene Herstellung", der anzeigt, dass in diesem Präparat gute Nährstoffe für den Körper leicht zugänglich vorliegen.

Wann soll man was nehmen?

Grundsätzlich gilt: Mehrere kleine Dosen über den Tag verteilt einnehmen. Eine hohe Dosis kann physischen Stress erzeugen.

Die richtige Einnahmezeit:

- wasserlösliche Vitamine (B-Vitamine, Biotin, Vitamin C) zum Frühstück oder zum Abendessen;
- fettlösliche Substanzen (Vitamin A, Betacarotin, D, E, K, Coenzym Q 10, L-Carnitin) während oder nach der Hauptmahlzeit;
- Fischölkonzentrate (Omega-3-Fettsäuren oder ungesättigte Fettsäuren aus Pflanzensamen wie Nachtkerzen-, Borretsch-, Schwarzkümmelöl) zur Hauptmahlzeit oder mit trockenem Brot;
- Mineralstoffe, Magnesium, Calcium, Kalium, Chrom, Kupfer, Zink zu den Mahlzeiten;
- Eisen vor dem Essen mit Fruchtsaft, ansonsten zum Essen.

Wofür Sie sich auch entscheiden, suchen Sie bei Beschwerden und Mangel einen Arzt oder Heilpraktiker auf, der Ihnen Ihren Gesundheitsstatus durch Labormethoden genau bestimmen kann.

Kombi-Präparate oder Einzelnährstoffe

Der Vorteil von Kombinationspräparaten ist nicht zu übersehen. Sie gewährleisten eine breite Grundversorgung bei erhöhtem Bedarf zum Beispiel bei Diäten oder Störungen im Verdauungsbereich. Der Blutspiegel wird nur langsam angehoben, und da von den einzelnen Nährstoffen nur geringe Mengen in ihnen enthalten sind, behindern sie sich auch nicht, wenn sie im Darm aufgenommen werden.

Kombinationspräparate sollten kurmäßig eingenommen werden, Einzelnährstoffe die tägliche Nahrung ergänzen.

Klassische Kombi-Präparate sind

- Antioxidantienmischungen von Vitamin A, C, E, Zink, Coenzym Q 10 ergänzt durch Selen und Aminosäuren,
- Vitamin-B-Komplex (B1, B2, B3, B5, B6, B12, Folsäure, Biotin etc.),
- Mineralstoffmischungen (Calcium, Magnesium, Kalium oder Eisen),
- Spurenelementmischungen (Zink, Selen, Molybdän, Mangan, Chrom, Kupfer).

Vielleicht machen Sie sich einmal Ihre Einwände zu Nahrungsergänzungen bewusst. Es ist tatsächlich ein Umdenken erforderlich, wenn wir die tägliche Zufuhr der notwendigen Vitalstoffe – und das sind eben nicht nur Vitamine – sicherstellen wollen.

4. Anti-Aging-Faktor 3: Hormone

Der zentrale Faktor des Anti Aging ist die Einnahme von Hormonen bis zur totalen „Hormonsubstitution", also der Einnahme eines Cocktails, der die Arbeit sämtlicher „müde" gewordenen Drüsen des Körpers ersetzen soll.

Dabei wird so ziemlich alles eingenommen, was möglich ist. Wachstumshormone, Sexualhormone, das Zirbeldrüsenhormon Melantonin und die Schilddrüsen- und Thymusdrüsenhormone.

Viele Hollywood-Stars schwören auf die Hormonbehandlung der Anti-Aging-Medizin und legen sehr viel Geld dafür hin. Nach amerikanischem Vorbild gibt es nun auch in Deutschland Ärzte, die Wohlfühlhormone spritzen.

Tatsächlich können gezielte Hormoneinnahmen erstaunliche vitalisierende Wirkungen erzielen: Fett wird abgebaut, die Muskelmasse nimmt zu, das Bindegewebe strafft sich, die Haut wird glatter und die Figur erscheint insgesamt jugendlicher. Krampfadern, Besenreiser, Cellulite und Altersflecken gehen zurück. Die Lust an der Sexualität wird wieder stärker, und auch das Gedächtnis kann durch gezielte Hormongaben gestärkt werden.

Allerdings ist das Ganze nicht ohne Risiko. Eine Hormontherapie kann regelrecht gefährlich werden, da ein Zuviel an Hormonen nicht nur gravierende Störungen im Organismus verursachen, sondern auch ein aggressives oder unkontrolliertes Verhalten bewirken kann.

Hormonpräparate gehören einfach in die Hand eines erfahrenen Arztes. Es dürfen nämlich nur die ersetzt werden, deren Spiegel auch wirklich zu niedrig ist.

Die Eigenproduktion lässt nach

Ganzheitsmediziner warnen insbesondere davor, dass durch hohe Hormondosen der Organismus die Eigenproduktion dieser Substanzen immer mehr reduziert und letztlich einstellt. Damit würde eine Dauereinnahme nötig.

Mit einer wirklichen Verjüngung haben derartige Behandlungen dann nichts mehr zu tun. Ausnahmefälle sind schwere Erkrankungen oder Altersstörungen. Ein echter Jungbrunnen können nur Maßnahmen sein, die zur Aktivierung und Revitalisierung körpereigener Kräfte und damit wieder zu einer größeren Eigenproduktion von Hormonen führen.

Beispiel:

Power-Yoga-Übungen, die tatsächlich auf uraltes Wissen der östlichen Yogatradition basieren, wie Körperenergien aktiviert werden können. Auch die Fähigkeit der gezielten Selbstentspannung (S.E.) oder die Praxis der Meditation kurbelt nachweisbar die Eigenproduktion von Hormonen an.

5. Anti-Aging-Faktor 4: Mentale Fitness

So selbstverständlich heute ein langes Leben erscheint, so wenig selbstverständlich ist es, dass das „dritte Alter" auch ein wirklich guter, lebenswerter Lebensabschnitt wird. Wenn wir möglichst gesund und zufrieden alt werden wollen, dürfen wir uns nicht nur auf unsere „guten Gene" oder die statistische Lebenserwartung verlassen. Zu 40 Prozent haben wir es selbst in der Hand, wie unser Leben im Alter aussieht.

Bislang schoben die so genannten jungen Erwachsenen (bis ca. 40 Jahre) das Thema Alter weit weg. Das könnte daran liegen, dass den meisten bei diesem Thema nur Negatives einfällt: Starrsinn,

Pflegebedürftigkeit, Krankheit, Gedächtnisverlust, Schwerhörigkeit und andere Gebrechen. Bilder von einem vitalen, aktiven Alter hat ein relativ junger Mensch noch nicht so recht im Kopf. Daran können auch Bilddarstellungen von vitalen Senioren sehr wenig ändern. Wir hatten noch keine Zeit, uns auf das Geschenk eines langen Lebens einzustellen.

Fragen, die sich mit dem Leben im Alter beschäftigen, werden häufig mit einem Achselzucken oder der Aussage: „Kommt Zeit – kommt Rat" abgetan.

So wird es nicht sein. Wir wissen heute, wie schwer es ist, sich neue Einstellungen zu erarbeiten, um Konflikte zu lösen – und um unser Verhalten angemessener zu gestalten. So wird es für uns wichtig sein, schon früh daran zu denken, wie wir möglichst „jung" alt werden können.

Die sechs Grundregeln für „junge Alte"

Je früher wir diese Grundregeln beherzigen, desto jünger werden wir im Alter sein.

Grundregel Nr. 1: Aktiv bleiben

Erlaubt und wirksam ist alles, was Spaß macht: Schwimmen, Tanzen, Joggen, Walking und gezieltes Muskeltraining. Die Methoden sind austauschbar: Statt Yoga können es auch Stretching, Soft-Aerobic oder Wirbelsäulengymnastik oder andere Formen eines Bewegungstrainings sein.

Yoga bietet nicht nur Atemtraining und gezieltes Entspannen, sondern pflegt durch die Art der Bewegung ohne Druck und Leistungszwang sowie durch die Selbstbeobachtung und das Hinterfragen körperlicher Einschränkungen oder Störungen bereits ein positives Verhalten, das einen gesunden Lebensstil prägt.

Zu alt dafür ist niemand. In jedem Lebensalter können Menschen ihre Lebensqualität durch Bewegung verbessern, ganz nach dem Motto von Erich Kästner: „Es gibt nichts Gutes, außer man tut es."

Grundregel Nr. 2: Unabhängig sein und bleiben

Über sein Leben selbst bestimmen zu können, sich nicht abhängig zu machen von anderen, das ist in jedem Lebensalter wichtig. Ganz besonders gilt dies für den älter werdenden Menschen. Situationen der Hilflosigkeit und des Ausgeliefertseins schwächen die psychische und körperliche Verfassung. Wer bereits in jungen Jahren Wert auf seine Eigenständigkeit legt und seine Selbstwirksamkeit in kritischen Situationen immer wieder erprobt, wird auch im Alter seine Unabhängigkeit weitgehend bewahren können.

Grundregel Nr. 3: Mit Maß und Muße leben

Übergewichtige, Alkoholiker, Raucher und auch Menschen, die einen hohen Stresspegel ihr eigen nennen, leben durchschnittlich weniger lang als Menschen, die auf Drogen verzichten, sich sowohl beim Essen als auch beim Trinken mäßigen und lernen, mit ihrem Stress besser umzugehen.

Wissenschaftler raten, dass wir mit zunehmendem Alter auch mit den Genüssen des Lebens immer sparsamer umgehen sollten. Was in jungen Jahren ohne weiteres vom Körper weggesteckt werden kann, braucht mit zunehmendem Alter immer länger um zu regenerieren.

Wissenschaftler vertreten die These: Wenn wir weniger essen, benötigen unsere Zellen weniger Sauerstoff. Sauerstoff produziert chemisch reaktive Verbindungen, die so genannten freien Radikalen, die, wie wir wissen, eine der Hauptursachen des Alterungsprozesses sind. Um die Altersbremse zu ziehen, sollten wir daher unsere Kalorienzufuhr um 25 Prozent senken.

Wir werden also nicht darum herumkommen, doch auf die Kalorien zu achten, um jünger alt zu werden.

Grundregel Nr. 4: Pflegen Sie Ihre Begeisterung

Haben Sie schon oft ältere Menschen gesehen, die sich noch richtig begeistern können? Wahrscheinlich nicht, denn mit den Jahren wurde viel Erfahrung gesammelt, und es kommt immer mehr Gelassenheit ins Leben – allerdings nicht zu verwechseln mit Resignation, die ebenfalls durch Erfahrungen zu einem Grundgefühl werden kann.

Aber zu abgeklärt oder gelassen sollten wir nicht sein. Um vital alt zu werden, muss man neugierig bleiben können und sich seine Begeisterungsfähigkeit erhalten. Die Gefahr, dass sich resignative Gefühle einschleichen können, ist dann gebannt. Gedanken wie „das ist nichts mehr für mich" oder „dafür bin ich zu alt", oder ganz schlimm „das ist nicht altersgemäß", diese Gedanken sollten uns fremd sein. Wer meint, er bräuchte bestimmte gesellschaftliche Entwicklungen nicht mehr mitzumachen (Beispiel Internet) oder es ablehnt, neue Fähigkeiten zu entwickeln, gibt sich selbst auf und überlässt dem Alterungsprozess das Feld.

Damit ist nicht gemeint, dass wir uns noch beruflich weiterentwickeln müssen, sondern eher, dass sich unser Geist neuen Themen zuwenden soll, Themen, die das Leben selbst betreffen und bei der Frage nach dem Sinn des Lebens klärend helfen.

Es ist eine Tatsache, dass wir, trotz des Booms, jung zu bleiben, ab ca. 50 Jahren bereits an körperlicher Substanz verlieren. Auch noch so viele Eingriffe durch alle möglichen Methoden können das nicht verhindern. Alte Weisheitslehren geben Aufschluss über die einzelnen Lebenszyklen, die wir mit den uns mitgegebenen speziellen Fähigkeiten zu meistern haben. Nachdem wir uns dem Aufbau des Berufes, der Familie sowie der Karriere und der materiellen Sicherheit gewidmet haben, birgt der dritte Abschnitt die Möglichkeit in sich, den Geist zu erforschen.

Es ist die Begeisterungsfähigkeit, die uns auf die Suche nach interessanten Zusammenhängen im zwischenmenschlichen Bereich suchen lässt sowie danach, wie das Leben funktioniert oder woher wir kommen, wohin wir gehen – kurz: das Wissen um die universellen Grundgesetze, das Erlangen von „kosmischem Wissen". Es gibt nichts, was uns verborgen bleiben muss. In jedem Menschen gibt es dieses Wissen.

Grundregel Nr. 5: Stolz und Selbst-Bewusst-Sein

In diesem Sinne ist Stolzsein eine sehr positive Eigenschaft. Stolz sein auf seine Leistungen, sein Äußeres, seine Kinder, seinen Partner. Sportlichkeit birgt ein starkes Selbstwertgefühl in sich. Allerdings wird ein Wermutstropfen dieses Stolzsein trüben, wenn es nur den äußeren Menschen, seine Hülle betrifft. Bleibt die menschliche Persönlichkeit bei diesem Stolzsein auf der Strecke, wird auch das stärkste Selbstwertgefühl immer wieder einen Einbruch erleben und die Angst bleibt, vielleicht doch nicht zu genügen.

Echtes Selbstbewusstsein schließt den ganzen Menschen ein und nicht nur die erarbeitete Persönlichkeitsmaske, die unser Erscheinen nach unseren Wünschen eingefärbt hat.

Depressionen, Selbstzweifel, Angst vor späterer Hilflosigkeit bleiben für einen selbstbewussten Menschen Worte, die er auch später nur vom Hörensagen kennen wird.

Es ist nicht ganz so leicht, den feinen Unterschied zu erkennen: Fragen Sie sich bei Ihren Aktivitäten doch mal, warum Sie etwas tun. Damit Ihr Stolz wieder wachsen kann, oder weil Ihre Freude daran überwiegt?

Grundregel Nr. 6: Einzigartig sein

Mit dem Alter werden wir immer unverwechselbarer. Unsere Eigenschaften, unser Charakter, unsere Erfahrung des Lebens macht uns zu einem ganz besonderen Menschen, der durch seine Einzigartigkeit zum Anziehungspunkt für andere Menschen wird. Es kommt nicht auf das an, was wir tun und was wir sagen, sondern auf das, wie wir es tun und wie wir es sagen. Dieses „Wie" fördert wie nichts anderes den sozialen Kontakt, und der ist wichtig, wenn wir möglichst lange jung bleiben wollen.

Hoffentlich!

Erst seit kurzem wird der wohl wichtigste Erfolgsfaktor unseres Lebens erforscht: die Hoffnung.

Sie ist unsere natürliche Glücksquelle und eine mächtige Lebenskraft, so die Erkenntnis. Den „Hoffnungsstarken" geht es in allen Lebensbereichen besser: gesundheitlich, beruflich, im Studium, im Sport und im Privatleben. Hoffnung wird als fundamentale Persönlichkeitseigenschaft gesehen, die hoffnungsstarken Menschen hilft, ihren Lebenswillen vor allem auch in Notzeiten oder bei anderen Widrigkeiten zu mobilisieren.

Hoffnungsvolle Menschen können sich sinnvolle Ziele setzen und sie auch erreichen, gehen nicht rachsüchtig oder ressentimentbeladen durchs Leben und können zwischenmenschliche Konflikte rasch und fair beenden. Nun hat nicht jeder von uns das hoffnungsvolle Denken – nicht zu verwechseln mit positivem Denken! – als seelisches Erbe mit auf die Welt bekommen. Doch hoffnungsvolles Denken und Handeln lässt sich erlernen. Beispielsweise dadurch, dass man sich ins Gelingen verliebt und nicht ins Scheitern, oder dass eigene Ziele nicht einfach egoistisch verfolgt werden, sondern auch das Ziel anderer gefördert werden muss, um ein gesundes, erfolgreiches Miteinander leben zu können.

Hoffnungsvolle Menschen tappen so gut wie nie in die „Unglücksfalle", indem sie sich lange darüber ärgern oder nachgrübeln, wie ungerecht oder schlimm sie jemand behandelt hat. Sie sind in der Lage, rechtzeitig in ihr Gefühlsleben einzugreifen, indem sie erkennen, wie wenig es ihnen weiterhilft, in negativen Gedanken zu verharren, und wie sehr sie dadurch in Ihrem Tun eingeschränkt werden.

Hoffnung führt uns Tag für Tag individuell und gesellschaftlich durch unser Leben – sie hat uns dahin gebracht, wo wir heute stehen und sie ist gleichzeitig immer ein Versprechen für die Zukunft.

6. Anti-Aging-Faktor Nr. 5: Richtige Bewegung und gezielte Entspannung

Bei genügender Bewegung werden eingelagerte Fette verbrannt und Stoffwechselmüll wie die bereits erwähnten Glukose-Eiweißablagerungen (Eiweißnetze) abgebaut. Für diesen täglichen Hausputz genügen schon wenige Kernstärke- oder Office-Yoga-Übungen, leichtes Walking und ausreichende Entspannung.

Die Forschung zur Wirkung des autogenen Trainings, der Selbstentspannung und der Meditation hat bewiesen, dass Stress durch diese Entspannungstechniken abgebaut werden kann, und zahlreiche Körperwerte wie Bluthochdruck und Herzrhythmus wieder in einem gesunden Bereich reguliert und harmonisiert werden können. Muskelverspannungen blockieren den Energiefluss im Körper und beeinträchtigen die Vitalität. Entspannung hingegen erhöht die Energie und verbessert deren Zirkulation. Während einer tiefen Entspannung ist der Stoffwechsel zudem deutlich reduziert, was – ähnlich wie bei einer Kaloriendiät – zu weniger Angriffen durch freie Radikale führt.

Entspannt bleibt man folglich jünger. Sich entspannt fühlen ist also besonders wichtig auf dem Weg zu „Good Feeling" und auch zu

Ihrer Wohlfühlfigur. Studien belegen, dass zwei Drittel aller Frauen in Stress-Situationen zum Essen greifen. Bei Männern sind die Zahlen ähnlich. Sie reagieren auf Ärger oder Druck von außen ebenfalls mit Kettenrauchen, übermäßigem Alkoholgenuss oder mit unkontrollierter Nahrungsaufnahme.

Stress und Fett

Stress mobilisiert die Fettreserven des Körpers, damit dieser in Belastungssituationen über genügend Energie verfügt. Dieser Energievorrat wird vor allem in der Nähe der Leber gespeichert, damit diese in Krisen das Fett verarbeiten und in den Muskelstoffwechsel überführen kann. Dieses Bauchfett ist besonders sensitiv für das in Stress-Situationen ausgeschüttete Glukocorticoid. Menschen, die hohe Konzentrationen dieses Hormons aufweisen (also anhaltend gestresst sind), sind häufig um die „Mitte herum" dick, auch wenn der Rest des Körpers schlank bleibt.

Sechs Punkte, die es Ihnen erleichtern, Ihr persönliches Wohlgefühl zu erreichen

- Werden Sie aktiv mit Power-Yoga und Kernstärke-Übungen
  Körperliche Fitness beseitigt schädliche Auswirkungen von Stress und vermittelt Power und Wohlgefühl.

- Achten Sie auf geistige Entspannung
  Benutzen Sie die Tiefatemtechnik zum geistigen Abschalten. Gönnen Sie sich Vorstellungsbilder – setzen Sie sich mit diesen Ziele oder lassen Sie sich durch gute Erinnerungen in angenehme Wohlfühlzustände versetzen.

- Fühlen Sie sich wohl mit einem attraktiven Äußeren
  Ziehen Sie sich nicht nur zweckgebunden schön an. Tun Sie es vor allem für sich, denn Sie bestimmen mit Ihrem Gefühl, wie der Tag und der Abend wird.

- **Pflegen Sie Freundschaften**
  Gute Freunde erhalten Sie sich, wenn Sie diese genauso lieben und achten wie sich selbst.

- Genießen Sie Ihr Essen
  Sorgfältig geplantes und vorbereitetes Essen versorgt Sie mit Energie und Sie müssen auf keine leiblichen Genüsse verzichten.

- Zeigen Sie anderen, dass Sie sich wohl fühlen
  Lassen Sie andere teilhaben an Ihrer Lebensfreude und positiven Ausstrahlung. Sie sind einzigartig. Zeigen Sie es auch!

7. Anti-Aging-Faktor Nr. 6: Kosmetische Maßnahmen

Das Messer kann zwar niemals die Eigenverantwortung für die Gesundheit und das Wohlbefinden des Körpers ersetzen. Manchmal geht es aber nicht anders. Beispielsweise bildet sich erschlaffte Haut nach Diäten nicht immer so zurück, dass der nun zwar schlanke Körper sich im Bikini-Outfit zeigen kann. Betroffene Frauen sind sehr unglücklich über die hässlichen Hautfalten, die vornehmlich den Bauch entstellen. Ihr Selbstwertgefühl nimmt in so einem Fall stark ab. Eine kosmetische Hautstraffung kann da Wunder wirken. Solche Operationen werden in der Regel von den Krankenkassen nicht übernommen. Ausnahmen sind allerdings möglich. Zum Beispiel werden kosmetische Brustvergrößerungen oder -verkleinerungen, wenn medizinische Gründe vorliegen, bezahlt. Ein medizinischer Grund könnte ein zu schwerer Busen sein, der im oberen Rücken sehr starke Verspannungen auslöst, die mit großen Schmerzen einhergehen und die immer wieder behandelt werden müssen. Folgeschäden durch Erkrankungen, die die Brust selbst betreffen, wie bei Brustkrebs, fallen nicht unter kosmetische Maßnahmen.

Wege zum Glück

Glück als erstrebenswertes Lebensgefühl wird heute anders betrachtet: Nicht mehr als Nonplusultra einer zwischenmenschlichen Verbindung, sondern als Zustand der Leichtigkeit, Energie und des inneren Friedens – kurz: ein Zustand, der Freiheit vom Leiden bedeutet.

Dieser Zustand ist tatsächlich erreichbar. Alle großen Heiligen, Philosophen und Dichter waren dieser Ansicht. Die Glücksforschung bestätigt die alten Meister und Weisheitslehren. Mit Hilfe physiologischer Untersuchungen, magnetischer Messungen und psychologischer Tests wurde herausgefunden, was die alten Mystiker des Ostens, die Denker des Westens, die Religionsstifter und spirituellen Lehrer, immer schon gesagt haben.

Wenn wir zusammenfassen, worin nach Auskunft alter Weiser und nach Erkenntnissen moderner Forscher die Gesetzmäßigkeiten des Glücks bestehen, dann sieht das so aus:

- Niemand ist ein Opfer
  Dies ist eine der wichtigsten Erkenntnisse, die zur Erreichung des glücklichen Lebens notwendig sind. Und so ist eines der größten Hindernisse auf dem Weg zum Glück die Rolle des Opfers. Eltern, Gesellschaft, unsere Kindheitserlebnisse sind nicht schuld, sondern wichtige Bausteine zur Entwicklung unseres Lebensziels. Hier ist das erste Umdenken erforderlich. Was wir erleiden, tun wir uns selbst an, das lehrt uns das Schicksalsgesetz (Karma).

- Was man glaubt, wird wahr
  Dies ist eine weitere Erkenntnisstufe auf diesem Weg. Es trifft immer nur das ein, was wir im Innersten glauben. In diesem Zusammenhang stehen unsere Wünsche und das, was unseren Wünschen zuwiderläuft. Wir wünschen uns Gesundheit, haben jedoch ständig Angst, krank zu sein. Wir

sehnen uns nach einem zärtlichen und treuen Partner, glauben aber, dass wir seiner nicht würdig sind. Wir wünschen uns eine Gehaltserhöhung, glauben aber insgeheim, wir hätten sie nicht verdient.

- Jeder bekommt, was ihm entspricht
  Niemand bekommt mehr, als er tragen kann – nicht mehr und nicht weniger. Im Leben erscheint jedes Ereignis genau dann, wenn wir bereit dafür sind. Zufälle schließen sich da ganz von selbst aus – was uns widerfährt und wann es uns widerfährt, ist charakteristisch für uns. Eine arabische Weisheit sagt: Keiner wird in seinem Leben eine Erfahrung machen, die nicht zu seinem Glück bestimmt ist.

- Ändern kannst du nur dich selbst
  Ein weiteres Gesetz des Glücklichseins. Es ist wahr: Irgendwann erkennt auch der hartnäckigste Mensch, der beispielsweise danach trachtet, die Menschen und die Welt verändern zu müssen, dass das nicht geht. Damit die Welt sich verändert, müssen wir uns ändern. Und dazu gilt es den Kopf zu benutzen, um sich in den Standpunkt eines anderen Menschen hineinversetzen zu können, die Dinge interpretieren zu lernen, um eine andere Sichtweise zu bekommen. Die Welt mit den Augen eines Weltverbesserers zu sehen, bedeutet Leid und überall Unvollkommenheit zu sehen. Quälende, drängende Unruhe gepaart mit Frust und Resignation, werden die tägliche Stimmungspalette beherrschen.

- Alles im Leben ist ein Spiegel
  Dieses universelle Gesetz haben wir bereits ausführlich besprochen, denn es enthält das Gesetz des Schicksals.

- Was wir säen, ernten wir
  Wenn jeder versuchen würde, dieses Gesetz ernster zu nehmen, könnte sich bereits eine Menge zum Wohle der

Menschen ändern. Es ist gar nicht so schwer, mit Güte und Verständnis zu agieren, wenn wir lernen, mit dem Herzen zu sehen anstatt allein mit dem Verstand. Vieles lässt sich an der äußeren Reaktion eines Menschen beobachten – Wut, Zorn und Ärger sind manchmal nichts anderes als Hilflosigkeit, die aus Ohnmachtsgefühlen entstanden ist, weil der Betreffende glaubt, nichts ändern zu können. Auf die Idee, sich selbst zu ändern, kommen diese Menschen sehr selten.

- Alles ist Übung und kann erreicht werden
  Dies erkennt allerdings nur der, der nicht aufgibt, das Glück zu erleben. Paradoxerweise liegt das Glück nicht im Morgen, nicht im Übermorgen und auch nicht in der Zukunft, sondern das Glück ist jetzt. Die letzte Stufe auf diesem Weg besteht dann auch darin, das Glück als Zustand inneren Friedens zu erhalten. Es geht also um die bewusste Balance zwischen Innen und Außen, den Lauf der Dinge selbst beeinflussen zu lernen. Und das heißt, dass wir der wahren inneren Berufung einfach mehr Aufmerksamkeit schenken müssen. Über 90 Prozent unserer Tätigkeiten richten sich auf den Arbeitsalltag, der sich weitgehend im Außen abspielt. In Bezug auf unser Schicksal, unsere Gedanken und unseren Lebensweg üben wir uns in strategischen Maßnahmen, dabei sind wir mal nach rechts und mal nach links orientiert, lassen uns von den Medien, der Werbung und von jedem noch so unwichtigen Gespräch mit „Freunden" beeinflussen. Der ureigene rote Faden, unsere Berufung im Leben fehlt. Unser Ziel sollte es deshalb sein, aus den Erfahrungen der Vergangenheit zu lernen, die Ergebnisse in der Gegenwart umzusetzen. Wenn wir dabei die Gesetze, die zum Glück führen, beachten lernen, steht Ihnen und Ihrer Berufung zum Leben nichts mehr im Wege.

Literaturhinweise

Ebeling, Peter: Mehr leisten mit mehr Spaß. Fit for business. Regensburg/Düsseldorf/Berlin

Howard, Joanna: Leistungskurs Management. Mehr bewirken mit weniger Aufwand. Metropolitan Verlag. Düsseldorf/Berlin

Lang, Franz: Denken – wünschen – handeln – leben. Wege zu mehr Selbstvertrauen und Lebensfreude. Reihe Lebenskunst. Walhalla Fachverlag. Regensburg/Berlin

Ryborz, Heinz: Training zum Erfolg. Wie Sie Ihre persönlichen und beruflichen Ziele erreichen. Metropolitan Verlag. Düsseldorf/Berlin

Spachtholz, Barbara: Intelligentes Stressmanagement. Fit for Business. Regensburg/Düsseldorf/Berlin

Spachtholz, Barbara: Power-Atem. Fit for Business. Regensburg/Düsseldorf/Berlin

Wohlfahrt, Anna-Maria: Office-Yoga. Fit for Business. Regensburg/Düsseldorf/Berlin

Gesundheit leben

Intensivseminare für Persönlichkeitsentwicklung, Konflikt- und Stressmanagement:

Informationen erhalten Sie beim

Institut für Gesundheitsmanagement
Am Steinkart 3 a, 94086 Bad Griesbach,
Tel. und Fax: 0 85 32 / 83 20

oder im

Hotel Kurfürst
Nibelungenstraße 49, 94086 Bad Griesbach,
Tel: 0 85 32 / 79 60 · Fax: 0 85 32 / 92 00 15
E-Mail: markert@wunsch-hotel.de
Internet: www.markert.kurzentrum.de

Qualifizierte Referneten und Ärzte öffnen neue Perspektiven durch Gespräche, Training, Therapie, jeweils nach dem neuesten Stand in sportlicher, psychologischer und medizinischer Hinsicht. Ihr Wunsch entscheidet, ob Sie durch Aktivität Ihre Leistung steigern und Ihre Gesundheit und Lebensqualität um ein Vielfaches anheben wollen.

Stichwortverzeichnis